I — **Foscarini per**/for Inventario
Lake/design **Lucidi e Pevere**

Interpretata da/Interpreted by
Marina Rosso

FOSCARINI

INVENTARIO

COMPASSO d'ORO ADI 2014
AWARD

Inventario. Tutto è Progetto
/Everything is a Project

Direttore/Editor
Beppe Finessi

Art Director
Artemio Croatto
/Designwork

Responsabile di redazione
/Editorial manager
Maria Elisa Le Donne

Redazione/Editorial staff
Paolo Bocchi
Michele Calzavara
Deborah Duva
Francesco Garutti
Matteo Pirola

Progetto grafico/Graphic design
Designwork

Impaginazione/Layout
Stefano Corradetti

Columnists
Francesco M. Cataluccio
Manolo De Giorgi
Anna Foppiano
Daniele Greppi
Giulio Iacchetti
Marco Romanelli

Contributors
Andrea Anastasio
Marta Elisa Cecchi
Chiara Fauda Pichet
Cristina Fiordimela
Damiano Gullì
Corrado Levi
Alberto Mugnaini
Arianna Panarella

Illustrazioni/Drawings
Marco Manini

Traduzioni/Translation
Transiting.eu/S. Piccolo

INVENTARIO
Via Savona, 19/A
20144 Milano/Italy
tel. +39 02 83636270
redazione@inventario-bookzine.com
www.inventario-bookzine.com

INVENTARIO
fondato, promosso e sostenuto da
/founded promoted and supported by

FOSCARINI

Grazie a/Thanks to
Alvar Aalto Museo
Margherita Acierno/Ducati Motor Holding spa
Massimo Adriante/Mario Bellini Architects
Chaterine Belloy/Marian Goodman Gallery
Chiara Bertola/Fondazione Querini Stampalia
Günter Beltzig
Diller Scofidio + Renfro
Enrica Bodrato/Fondo Carlo Mollino, Archivi
della Biblioteca "Roberto Gabetti", Politecnico di Torino
Elisabetta di Maggio
Lorenzo Fernández-Ordóñez/Estudio Guadiana
Fulvio e Napoleone Ferrari/Museo Casa Mollino
Ângela Ferreira
Anita Festa
Megumi Iino/Nendo
Salvatore Licitra/Gio Ponti Archives
Andreas Hald Oxenvad
Maria Francesca Saibene/Galleria Riccardo Crespi
Stephanie/Christian Kerez Zürich AG
Delphine Studer/Fondation Le Corbusier
Martin e/and Rossana Szkeley
Vittorio Tessera/Museo Scooter & Lambretta di Rodano
Andrea Maragno/JoeVelluto
Etsuko Yoshii/Kazuyo Sejima + Ryue NIshizawa / SANAA

e in particolare a
/and in particular to
Elisa Testori

INVENTARIO
Corraini Edizioni
Via Ippolito Nievo, 7/A
46100 Mantova
tel. 0039 0376 322753
fax 0039 0376 365566
info@corraini.com
www.corraini.com

Corraini Edizioni

Inventario 13
Dicembre/December 2017

ISBN 978-88-7570-718-7

Fotolito/Colour separation
Luce Group/Udine

Stampato in Italia da
/Printed in Italy by
Intergrafica Verona, VR
Aprile/April 2018

Questa pubblicazione è stata stampata
su carta certificata Fsc® di
Fedrigoni SpA

Cover: Arcoprint EW 300 gr
Inside: Arcoprint EW 120 gr

FSC
www.fsc.org

MISTO
Carta da fonti gestite
in maniera responsabile
FSC® C041198

Un ringraziamento speciale a
/A special thanks to
Carlo Urbinati e/and
Alessandro Vecchiato

MAN RAY
CE QUE MANQUE À NOUS TOUS
1935 (1972)
Sotheby's France / Art Digital Studio

Sembra proprio che gli autori che alludono e rimandano alle bolle di sapone facciano propria la suggestione del più fragile fra i giochi, e inseguano la magia di una superficie trasparente, riflettente e cangiante, e alle volte realmente effimera, mostrando o catturando l'impalpabile.
Bolle come oggetti per contenere e illuminare, ma anche bolle come spazi che invitano alla relazione e alla scoperta, e che separano e includono ambienti in un unico gesto architettonico. E ancora, bolle di sapone vere e proprie, volumi fragili definiti da superfici delicate e sottili, destinate a uno scoppio impercettibile che invece di rattristare strappa ancora un istante di sorrisi. Opere da wünderkammer che ribaltano e accelerano pensieri, come quella del grande maestro Man Ray, che trasforma un vizio in un divertimento, invitando con gentilezza e paradosso a ripensare ai nostri desideri quotidiani. – (CFP)

It really seems that the authors who have imagined works capable of displaying or capturing the impalpable embrace the evocative aura of the most fragile of pastimes, and pursue the magic of a transparent, reflecting, iridescent and at times truly ephemeral surface.
Bubbles as objects to contain and illuminate, but also bubbles as zones that encourage relations and discoveries, that separate and incorporate spaces in a single architectural gesture.
Along with real soap bubbles, fragile volumes formed by thin, delicate surfaces, destined to imperceptibly burst in a demise that rather than saddening us triggers spontaneous smiles. Wunderkammer creations that invert and accelerate thoughts, like those of the great master Man Ray, who transforms a vice into a divertissement, gently and paradoxically urging us to rethink our everyday desires. – (CFP)

SANAA
BUBBLE
2013
Sharjah Art Foundation

Photo: SANAA

FABIO NOVEMBRE
PADIGLIONE DELLA REPUBBLICA CECA
/CZECH REPUBLIC PAVILION, EXPO MILANO
2015
Progetto non realizzato/Project never implemented

Courtesy Studio Fabio Novembre

MATHIEU LEHANNEUR
S.M.O.K.E.
2009

Photo: office Mathieu Lehanneur

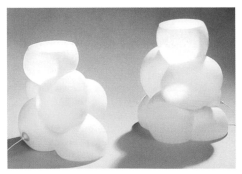

BERTJAN POT
KNITTED LAMP
1998

Courtesy Studio Bertjan Pot

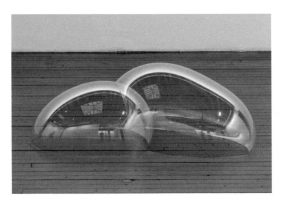

LUKA FINEISEN
BUBBLES
2012

Courtesy of the artist and
Hosfelt Gallery, San Francisco

PIPILOTTI RIST
NICHTS
1999

Courtesy the artist, Hauser & Wirth
and Luhring Augustine

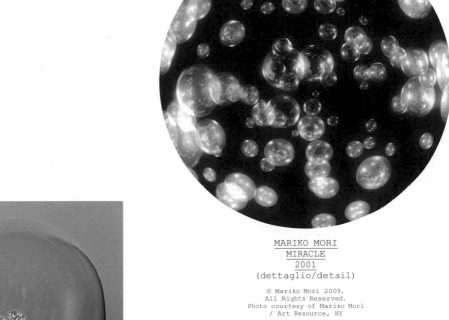

MARIKO MORI
MIRACLE
2001
(dettaglio/detail)

© Mariko Mori 2009.
All Rights Reserved.
Photo courtesy of Mariko Mori
/ Art Resource, NY

STUDIO DAVID LEHMANN
EPHEMERE
2014

Courtesy David Lehmann

INVENTARIO °13

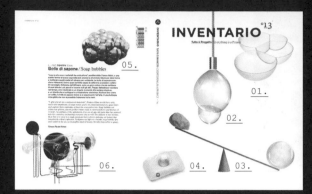

ɪ — 183.

Rimbalzi / Bounces

di / by **Beppe Finessi**

1.

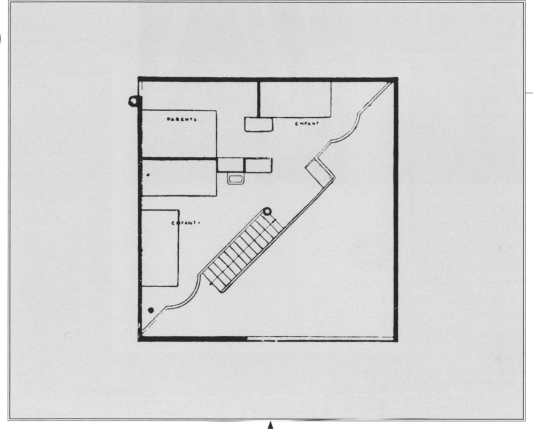

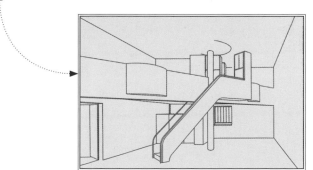

1.

Le Corbusier
Maisons en série
pour artisans, 1924

Due estroflessioni del parapetto – che delimita diagonalmente il primo piano di questa casa monofamiliare a pianta quadrata – permettono la corretta fruizione di due letti singoli, attraverso un "vuoto" che regala lo spazio necessario al loro utilizzo, altrimenti impossibile. / Two bulges in the parapet – which diagonally borders the first floor of this single-family house with a square plan – permit correct use of two single beds, through a "gap" that grants the space required for their otherwise impossible use.

2.

2.

Eileen Gray
E1027, 1926-1929
Roquebrune
Scala del giardino inferiore
/ Steps of the lower garden

Photo: B.F., 1997

Nella parte di giardino che digrada verso il mare, in uno dei capolavori della modernità, la villa E1027 progettata da Eileen Gray, una piccola scaletta addossata al terrapieno è larga poco più di 40 centimetri, e la sua percorribilità è resa possibile da un mancorrente metallico che si stacca e distanzia dai gradini di cemento, offrendo uno spazio "vuoto" che la rende così praticabile./ In the part of the garden sloping to the sea, at Villa E1027 designed by Eileen Gray, one of the masterpieces of modernity, a small flight of steps against an embankment with a width of little more than 40 centimetres can be used thanks to a metal railing separated from the concrete steps, providing a "gap" of suitable width.

3.

3.

Corrado Levi
Cornici e vuoti, 1989

Normalmente le opere d'arte vengono incorniciate per proteggerle ed esaltarle. Qui l'opera è la stessa cornice: elementi lignei che circoscrivono un vuoto centrale, sottolineandolo, e inglobano altre forme geometriche che da lì fuoriescono./ Works of art are normally framed to protect and enhance them. Here the work is the frame itself, wooden parts that surround a central void, underlining it, and incorporate other geometric forms that protrude from it.

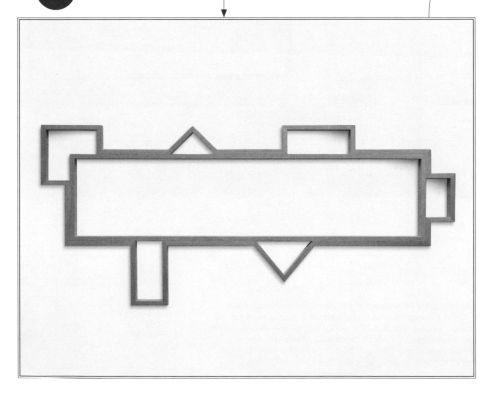

4.

Flavio Favelli
China Willow, 2013

Photo: Dario Lasagni

**Flavio Favelli agisce su una serie
di piatti tradizionali decorati,
a cui sottrae una parte centrale,
facendo diventare lo sfondo
parte sostanziale dell'opera,
e il decoro intorno una sorta di
corona ornamentale./**Flavio Favelli
operates on a series of traditional
decorated plates, removing a central
portion, making the breach become
a substantial part of the work,
and the surrounding decoration
a sort of ornamental crown.

5.

Aires Mateus
House in Alcácer do Sal, 2003

© Aires Mateus

**Una casa monofamiliare, distillata
dal linguaggio che contraddistingue
le opere di questi nuovi maestri,
capaci di gesti puri e coraggiosi
al contempo. Una planimetria dove
precisi intervalli regalano spazi
(di vuoto, di aria e di luce) che
scardinano e ritmano un volume
altrimenti compatto e unitario.**
/A single-family house distilled from
the language that sets the works of
these new masters apart, capable of
simultaneously pure and courageous
gestures. A layout in which precise
gaps generate spaces (of emptiness,
air and light) that disrupt and add
rhythm to an otherwise compact,
unitary volume.

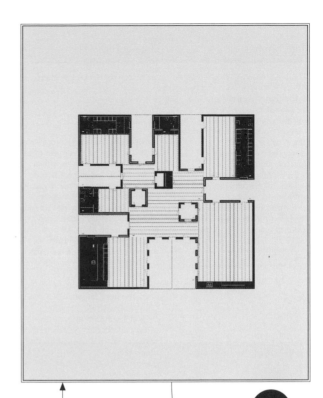

5.

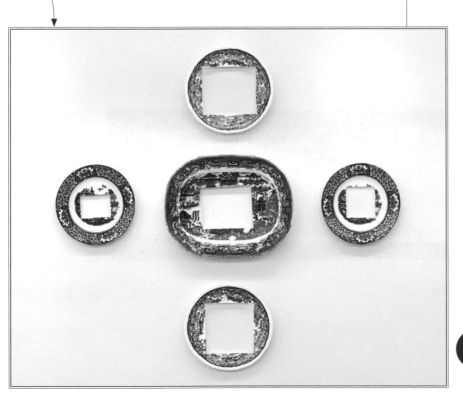

4.

6.

Marion Baruch
Teatro nel teatro 3, 2015

Courtesy Marion Baruch

**Opera emblematica della più
recente produzione dell'artista
romena, italiana d'adozione
(vedi *Inventario* 12): un frammento
di stoffa, scarto ottenuto
dall'ottimizzazione di taglio
nella realizzazione di capi
di abbigliamento, è esposto
come memoria, traccia, indizio.**
/ An emblematic work from the
recent output of this Romanian
artist residing in Italy (see
Inventario 12): a scrap of fabric
obtained by optimizing the cutting
in the production of garments is
displayed as memory, trail, clue.

7.

Francis Picabia
Danse de Saint-Guy
(Tabac-Rat), 1919-1949

Centre Pompidou – Musée national
d'art moderne, Paris
Photo (C) Centre Pompidou,
MNAM-CCI, Dist. RMN-Grand Palais
/ Jacques Faujour

**L'artista che ha fatto tutto e il suo
contrario, che ha inventato riviste
e vissuto su un panfilo, che si
muoveva su automobili fuoriserie
e "cambiava idea come le camicie",
qui in un'opera che ha segnato uno
degli enigmi nell'arte del Novecento:
una cornice dorata che non
impreziosisce nulla, se non il vuoto
che circonda, e con il tutto reso
ancora più spiazzante da corde
e cartoncini con parole depistanti
che portano altrove.** / The artist who
did everything and its opposite,
who invented magazines, lived
on a yacht, drove remarkable
motorcars and changed ideas "as
often you change your shirts", seen
here in a work that became one of
the enigmas of 20th century art: a
gilded frame that enhances nothing
but the void inside it, all made
even more bewildering by strings
and bits of cardboard bearing
misleading words that seem to point
elsewhere.

7.

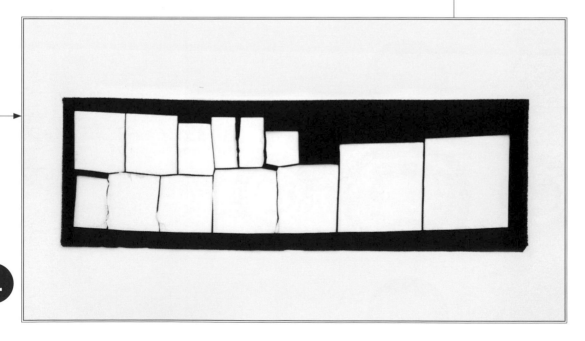

6.

9.

8.

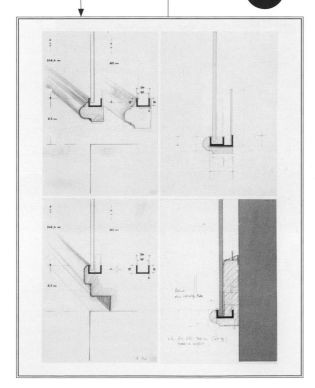

8.

Gerhard Richter
Skizzen (Rahmen), 1990

Atlas page 493
Städtische Galerie im Lenbachhaus und
Kunstbau München, Monaco, Germania
© Gerhard Richter 2017 (0263)

Nel suo monumentale, omnicomprensivo e in progress "Atlas", uno dei veri giganti di oggi, Gerhard Richter, non dimentica (alla pagina 493!) Il progetto esecutivo di alcune cornici, disegnando differenti sezioni di telai lignei, in un gioco sui diversi profili che avrebbe colpito anche un certo Luigi Moretti (nel suo saggio *Valori della modanatura*, "Spazio" n°. 6, 1951). / In his monumental, all-inclusive in-progress "Atlas", one of the true giants of today, Gerhard Richter, does not overlook (at page 493!) the working design for some frames, drawing different sections of wooden pieces in a game of different profiles that would also have impressed Luigi Moretti (see his essay *Valori della modanatura*, "Spazio" no. 6, 1951).

9.

Perejaume
Els quatre horitzons, 1991

Collecció Banc Sabadell, Barcellona

Grosse cornici dorate ricalcano nel loro profilo quattro reali orizzonti di montagne, colline e altipiani, in una "riflessione sul paesaggio" che da molti anni è al centro dell'opera dell'artista catalano, impegnato a insegnare a vedere la natura intorno a noi come opera. / Big gilded frames shaped to reproduce real horizons of mountains, hills and plateaux, in a "reflection on landscape" that has been a central concern in the work of the Catalan artist for many years, engaged in teaching us to see the nature around us as a work of art.

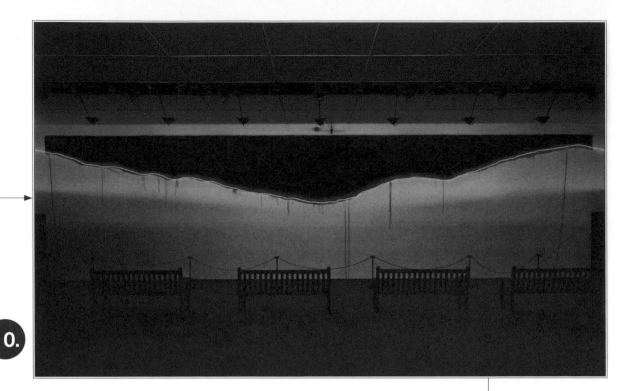

10.

11.

10.

Luigi Stoisa
Alba rossa, 1995

Mostra/Exhibition Expovivre, Torino
Photo: Lorenzo Mascherpa

**Il profilo di un orizzonte naturale
viene sottolineato dal segno
luminoso di un tubo al neon rosso,
che definisce e contrasta una colata
di catrame che riempie lo spazio
di una vallata, accendendola
in un'alba calda.** / The profile
of a natural horizon is underlined
by luminous red neon, bordering
and checking the advance of poured
tar that fills the space of a valley,
and igniting it in a hot dawn.

11.

Maurizio Nannucci
Redline, 1969

Frac Haute Normandie, Rouen, France

**Una sottile linea rossa, che corre
nell'angolo tra pavimento e parete,
disegna – evidenziandoli – i margini
di uno spazio, rendendoli così
programmaticamente visibili.**
/ A thin red line that runs along
the angle between floor and wall,
drawing – and underscoring –
the edges of a space, making
them programmatically visible.

12.

12.

Giovanni Anselmo
Neon nel cemento, 1967-1969

Un sottile tubo al neon, fragile e temporaneo per sua caratteristica, è annegato in un lungo parallelepipedo di cemento; una volta esaurito il flusso luminoso, il tubo non potrà essere sostituito, e rimarrà congelato in quel materiale rigido, resistente, pesante, in un blocco che segna con la forza della sua presenza orizzontale l'ambiente dove è collocato./A thin neon tube, fragile and temporary by nature, is embedded in a long concrete bar; when the tube burns out it cannot be replaced, but remains frozen in that rigid, strong, heavy material, a block whose forceful horizontal presence marks the space that contains it.

13.

Richard Serra
Untitled, 1968

Una colata di piombo fuso, gettata con audacia tra pavimento e parete in un ambiente della galleria di Leo Castelli a New York. Quasi un dripping, ma fatto con materia rovente, che sembra aver unito l'informale con il minimal, realizzato da un artista capace di un linguaggio essenziale e possente al contempo./Poured molten lead, brashly sprayed between the floor and the wall of the gallery of Leo Castelli in New York. Almost dripping, but with scorching material, seeming to unite the informal and the minimal, in a work by an artist capable of formulating a simultaneously essential and powerful language.

13.

Rimbalzi/Bounces

I — 184. **Vite come Progetto** / Lives as Projects

Eduardo Chillida

di / by **Arianna Panarella**
disegni di / drawings by **Marco Manini**

Lo spazio e la luce sono i soggetti che animano i progetti di Eduardo Chillida, che scavando e ritagliando la materia è riuscito a dare forma a nuovi e inaspettati "vuoti": come quello nella Montaña Tindaya a Fuerteventura, un sogno inseguito per molti anni che il grande artista spagnolo non è riuscito a vedere realizzato.

Space and light are the subjects in the projects of Eduardo Chillida, who by digging into and carving matter was able to grant form to new and unexpected "voids": like the one in the Montaña Tindaya at Fuerteventura, a dream pursued for many years, which the great Spanish artist was unable to accomplish.

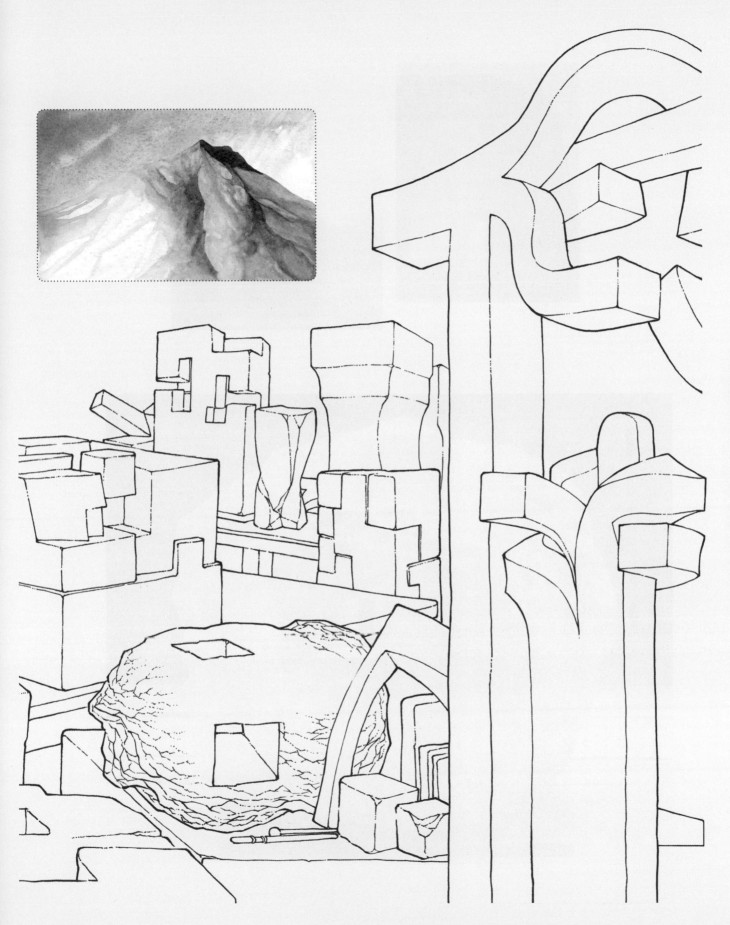

Vite come Progetto / Lives as Projects – Eduardo Chillida

MENDI UTZ I
1984

ELOGIO DE LA LUZ XX
1990

LO PROFUNDO ES EL AIRE XV
1995

Photo: Jesús Uriarte

Eduardo Chillida (1924-2002) si forma studiando alla Facoltà di Architettura di Madrid, ma l'interesse per il disegno e la passione per l'arte lo portano, dopo diverse sperimentazioni, a dedicarsi interamente alla scultura. Ambito nel quale esplora, con l'abilità di un poliedrico progettista, l'utilizzo del ferro, della terracotta, dell'alabastro, del legno, della carta, del cemento, senza vedere mai in quei differenti materiali i limiti delle specifiche caratteristiche, ma piuttosto le loro potenzialità. Le sue sono sculture di forme e dimensioni differenti, a volte persino monumentali: vere architetture caratterizzate da composizioni astratte e articolate, opere site-specific destinate alla collettività, perché tutti possano viverle ed esperirle.

Un percorso artistico intenso, lungo alcuni decenni, che lo porta a progettare, intorno ai settant'anni, la sua opera più ambiziosa, e per alcuni aspetti controversa, "Montaña Tindaya": un vero e proprio punto di arrivo a scala paesaggistica delle sue originali ricerche tra "luce" e "spazio".

Grandiosa e visionaria, "Montaña Tindaya" non è più una semplice scultura, ma un progetto di land art. Chillida immagina, a grande scala, quello che aveva già anticipato in alcuni lavori, come in "Elogio de la luz XX" (1990), opera dove luce e aria vengono "catturate" in un blocco di alabastro scavato attraverso precise "sottrazioni di materia", azioni che nel progetto di Tindaya diventeranno giganteschi spazi fruibili tramite i quali l'uomo potrà entrare nel ventre della montagna, per non essere più solo uno spettatore esterno, ma un protagonista attivo di un suggestivo gioco di masse e di vuoti, di luci e di ombre.

Gli strumenti che Chillida prevede di utilizzare per realizzare questo imponente progetto sono quelli di sempre, ma questa volta non lavora un semplice blocco di roccia, ma scava un'intera montagna. Una forma ottenuta quindi non costruendo, ma svuotando e plasmando "Montaña Tindaya" dal suo interno, per realizzare un gigantesco ambiente senza aggiungere alcun materiale: un'architettura del "vuoto", determinata unicamente dalla pietra che la circonda e contiene, e dove gli elementi che la compongono sono proprio l'"assenza" e la "luce", mentre i limiti sembrano poter essere solo quelli "infiniti" dell'orizzonte.

Eduardo Chillida (1924-2002) was trained at the School of Architecture of Madrid, but his interest in drawing and his passion for art led him to focus completely on sculpture, following a period of experimentation. With the skill of a versatile designer, he explored the use of iron, terracotta, alabaster, wood, paper, concrete, without ever perceiving the limits of the specific characteristics of those different materials, seeing only potential.

His sculptures have different shapes and sizes, at times monumental: true works of architecture based on detailed abstract compositions, site-specific works for public settings, ready to be experienced by all. An intense career across several decades led him to imagine, near the age of 70, his most ambitious and in some ways controversial work, the "Montaña Tindaya": a true point of arrival on a landscape scale for his original research on "light" and "space".

A grand, visionary work, "Montaña Tindaya" is no longer simply sculpture, but a project of Land Art. Chillida imagines, on a large scale, what he had foreshadowed in some of his works as in "Elogio de la luz XX" (1990), a work where light and air are "captured" in a block of alabaster, hollowed by precise "subtractions of the material". Actions which in the Tindaya project would become gigantic spaces that could be used by human beings to enter the very belly of the mountain, no longer as external spectators but as active protagonists of an evocative game of hulks and gaps, lights and shadows.

The tools Chillida imagined using to achieve this daring project were the usual ones, but in this case rather than working with a single block of stone, he would be digging into an entire mountain. Thus this was a form obtained not by construction, but by emptying and shaping "Montaña Tindaya" from the inside, to create an imposing space without adding any material: an architecture of the "void" determined only by the rock that surrounds it and contains it, where the components are precisely "absence" and "light", while the limits seem to be only the "infinite" bounds of the horizon.

→   →

<u>La Montaña de Tindaya e le cave esistenti</u>
<u>/Montaña de Tindaya and existing quarries</u>
Fuerteventura, Canary Islands

Photo: 1996

Non è stato semplice individuare la montagna adatta alla realizzazione del progetto: le ricerche hanno toccato diverse latitudini, ma le caratteristiche geomorfologiche dei luoghi di volta in volta trovati non erano mai idonee per la realizzazione del sogno che Chillida aveva in mente.
La Montaña de Tindaya si è dimostrata da subito il luogo ideale: un rilievo di origine vulcanica, di circa 200 ettari di estensione e 400 metri di altezza, che si trova nel comune di La Oliva a Fuerteventura, un'isola delle Canarie.
Fin dall'inizio l'obiettivo di Chillida è stato quello di salvaguardare la montagna, precedentemente utilizzata come cava per l'estrazione della trachite, al fine di non alterare ulteriormente il suo profilo fortemente iconico.
Ed è proprio a partire da uno degli scavi esistenti che l'artista immagina l'inizio del percorso di avvicinamento e di ingresso, e dell'esperienza da vivere all'interno dell'opera.

→

It was not easy to find the right mountain for the project: the search took place at different latitudes, but the geomorphological characteristics of the places identified each time were never suitable for the achievement of Chillida's dream. Montaña de Tindaya immediately seemed to be the ideal place: a relief of volcanic origin, about 200 hectares of area and 400 meters in height, located in the municipality of La Oliva at Fuerteventura, one of the Canary Islands.
From the outset Chillida's goal was to protect the mountain, previously used for trachyte quarries, in order not to further alter the memorable profile. Starting precisely from one of the existing excavations, the artist imagined an initial path of approach and entry, and the experience of being inside the work of art.

→

Vite come Progetto / Lives as Projects – Eduardo Chillida

Collocazione del progetto
nell'isola di Fuerteventura
/Location of the project
on Fuerteventura island
Photo: Grafcan, 2003

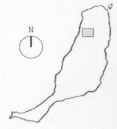

Chillida disegna un paesaggio astratto nel cuore della terra, una suggestiva cavità, un parallelepipedo (50x80x50h metri), non visibile dall'esterno. Due lunghi condotti verticali fanno penetrare al suo interno i raggi del sole (e quelli della luna), generando una sorprendente realtà artificiale che si confronta con la primitiva bellezza della natura; uno spazio dove al cambiare delle ore del giorno (e della notte) varia la luminosità interna della grande stanza.
Pensato come un luogo contemplativo e di incontro, e immaginato come "un monumento alla tolleranza", l'intervento è un elogio all'uomo protagonista assoluto in uno spazio unico tra cielo e terra, modellato dalla luce e dalle ombre, dove è possibile registrare le variazioni delle stagioni, e "sentire" il sole, la pioggia, la luna, le nuvole, fino al rumore del vento e del mare vicino.
Tindaya è un imponente dispositivo luminoso, un eccezionale esempio di rapporto tra arte e natura. Una scultura a scala architettonica; un vuoto all'interno del quale tutti i sensi sono attivati e, in una dimensione sinestetica, lo sguardo può toccare e ascoltare. Uno spazio intenso e cangiante, un vuoto da abitare, un pieno di luce, di aria e silenzio. Un progetto evidentemente straordinario, ma che purtroppo Eduardo Chillida non è riuscito a vedere realizzato.

→

Chillida designed an abstract landscape in the heart of the earth, an evocative cavity, a parallelepiped (50x80x50h meters), not visible from the outside. Two long vertical conduits would allow sunlight (and moonlight) to penetrate inside, generating a surprising artificial reality that comes to grips with the primitive beauty of nature; a space where the inner luminosity of the large room would change across the hours of the day (and night).
Conceived as a place of meditation and encounter, imagined as a "monument to tolerance", the project is an ode to man as the absolute protagonist in a unique space between sky and earth, shaped by light and shadow, where it is possible to record the variations of the seasons, to "sense" the sun, the rain, the moon, the clouds, the sound of the wind and the nearby sea.
Tindaya is an impressive luminous device, an exceptional example of rapport between art and nature. A sculpture on an architectural scale; a void inside which all the senses are activated and the gaze can touch and listen, in a dimension of synaesthesia. An intense, mutable space, a void to inhabit, a fullness of light, air and silence.
A clearly extraordinary project, which unfortunately Eduardo Chillida was never able to accomplish.

→

Vite come Progetto / Lives as Projects – Eduardo Chillida

<u>Modelli di studio</u>
<u>/Study models</u>
<u>Estudio Guadiana,</u>
<u>1995</u>

Photo: Lorenzo
Fernández-Ordóñez

Montaña de Tindaya, conosciuta anche come la "montagna magica", oltre a essere un importante riferimento visivo nel paesaggio di Fuerteventura, è un luogo di grande interesse naturale e geologico, dichiarato monumento nazionale nonché bene culturale per le importanti incisioni rupestri scolpite alle sue pendici.

Dopo aver individuato il luogo più adatto alla realizzazione dell'opera, grazie all'aiuto dell'ingegnere José Antonio Fernández Ordóñez, il progetto di Eduardo Chillida ha ricevuto nel 1994 l'approvazione per l'esecuzione dei lavori dal governo delle Isole Canarie, e già nel 1996 l'opera è stata dichiarata di interesse pubblico.

Partendo dall'idea iniziale dello scultore, il progetto è stato sviluppato da un team multidisciplinare guidato dall'architetto Lorenzo Fernández-Ordóñez Hernández in collaborazione con l'architetto Daniel Díaz Font.

Nel 2003, un anno dopo la morte di Chillida e dopo diverse fasi di indagine, sono stati redatti gli studi tecnici che ne hanno verificato la fattibilità. Le dimensioni e la struttura del progetto "Montaña Tindaya" sono condizionate dalle caratteristiche geomorfologiche della montagna stessa, e dalla presenza di fessure e bacini al suo interno. La grande aula sarà ricavata estraendo circa 200.000 metri cubi di pietra, e vi si accederà attraverso una galleria a sezione quadrata di 15 metri di lato, lunga 80 metri, concepita con il piano di calpestio a un livello inferiore, in modo che dall'interno non sia visibile l'ingresso delle persone, ma solo la linea dell'orizzonte marino. L'accesso sarà reso possibile da due percorsi, uno per i visitatori, l'altro per la manutenzione; entrambi si avvantaggiano e in parte recuperano i percorsi utilizzati quando la cava era ancora attiva, riducendo così al minimo qualsiasi presenza di nuovi elementi innaturali.

Sono previste tre fasi per l'esecuzione dell'opera: la realizzazione dello scavo e dello spazio di supporto, il completamento dell'accesso e di altri lavori relativi all'opera, ed infine il recupero delle cave.

A tutt'oggi non è ancora concluso il lungo percorso per la sua realizzazione, ostacolato da continue opposizioni al progetto da parte di associazioni che sostengono che l'opera comporti un'alterazione ambientale irreversibile.

Recentemente gli eredi dello scultore hanno raggiunto un accordo per la cessione del progetto "Montaña Tindaya" al governo delle Isole Canarie, che si impegna a rispettare l'idea di Chillida e creare una fondazione per la gestione futura dell'opera. – (AP)

Montaña de Tindaya, also known as the "magic mountain", besides being an important landmark of Fuerteventura, is a place of great natural and geological interest, listed as national heritage also for cultural reasons, due to the important engravings sculpted on its slopes.

After having found the most suitable place for the making of the work, thanks to the help of the engineer José Antonio Fernández Ordóñez, in 1994 Eduardo Chillida's project received approval for construction from the government of the Canary Islands, and already in 1996 it was listed as a project of public interest.

Starting with the sculptor's initial idea, the project has been developed by a multidisciplinary team headed by the architect Lorenzo Fernández-Ordóñez Hernández in collaboration with the architect Daniel Díaz Font. In 2003, one year after Chillida's death and following various phases of study, the technical research to verify feasibility had been prepared. The measurements and structure of the "Montaña Tindaya" project are determined by the geomorphological characteristics of the mountain itself, and by the presence of crevices and basins inside it. The large hall will be created by removing about 200,000 cubic meters of stone, and access will be provided by a tunnel with a square section, 15 meters per side, with a length of 80 meters, designed with its floor at a lower level than the chamber, to make the entry of persons invisible from the inside, offering only a view of the sea's horizon.

The access will be possible along two paths, one for visitors, and another for maintenance. Both take advantage of and partially recover routes utilised when the quarry was still active, thus reducing the presence of new unnatural elements to a minimum.

The work is planned to take place in three phases: the excavation and creation of the support space; the completion of the access and other related works; and finally the recovery of the quarries.

The long path towards implementation has still not reached a conclusion today, blocked by continuous opposition to the project on the part of associations that insist the work will cause irreversible environmental alteration.

The heirs of the sculptor have recently reached an agreement for the concession of the "Montaña Tindaya" project to the government of the Canary Islands, which has made a commitment to comply with Chillida's idea and to create a foundation for future administration of the work. – (AP)

Studio dell'evoluzione della luce in un giorno
/Study of the evolution of the light within a day
Modello/Model 1:200
2003

Photo: Lorenzo Fernández-Ordóñez

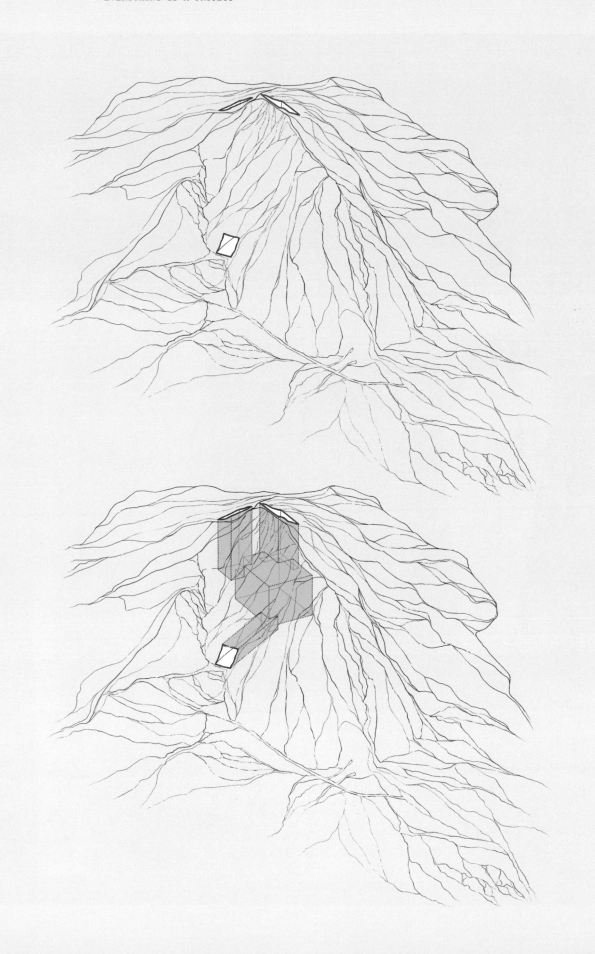

Vite come Progetto / Lives as Projects – Eduardo Chillida

Photos: Daniel Diaz Font

Primo modello/First model 1:100, 1995

Vite come Progetto / Lives as Projects – Eduardo Chillida

I — 185. **Esercizi di Stile**/Exercises in Style

Nendo
50 Manga Chairs

di/by **Paolo Bocchi**

50 sedie manga che:
seggono, atterrano, allineano, schìvano, decollano, riflettono, attecchiscono, esplodono, intrecciano, tremano, brillano, asteriscono, scàrtano, camminano, arretrano, spezzano, ombreggiano, zigzagano, divergono, raddoppiano, domandano, lacrimano, gócciano, ruotano, includono, annuiscono, aggirano, parlano, scoperchiano, ondeggiano, curvano, ingannano, congiungono, traslano, accerchiano, svoltano, filano, flettono, serpeggiano, temono, rimbalzano, swingano, pontificano, proiettano, rinchiudono, partoriscono, crescono, tramandano, sorreggono, elèvano.

50 manga chairs that:
seat, land, align, avoid, take off, reflect, take root, explode, intertwine, tremble, glow, asterisk, swerve, walk, retreat, break up, shade, zigzag, diverge, double, ask, shed tears, drip, rotate, include, nod, bypass, speak, uncover, sway, curve, deceive, join, shift, surround, turn, go stringy, flex, snake, fear, bounce, swing, pontificate, project, enclose, give birth, grow, pass on, support, raise.

Nel 2016, a Milano, in occasione del Fuorisalone, alcuni pianeti decidono, per gioco, e con rarefatta intelligenza, di allinearsi. Per farlo, scelgono il Chiostro Minore di San Simpliciano. Si tratta del pianeta Manga, del pianeta Nendo e del pianeta Design. Tre pianeti che, indipendentemente, già influenzano i flussi di infinite maree cerebrali. Immaginiamo a cosa possano avere dato vita una volta messisi in fila, come bravi scolaretti, pronti a scardinare certezze e luoghi comuni. Ed eccolo, il risultato. Sotto i nostri occhi, increduli. 50 sedie, figlie del fumetto manga, della cultura nipponica e dell'amore per il design. 50 sedie. 50 vignette. 50 spostamenti. Dinamismo. Fusione. Attitudine. Oki Sato aka Nendo mescola linguaggi, età e conoscenze, portando, nel porto mistico del Chiostro milanese, 50 versioni meticce della stessa sedia, tutte ri-specchianti meditate riflessioni. 50 esercizi realizzati per la galleria Friedman Benda di New York, ovvero: quando i pianeti si allineano per tenere una lezione. Seduta Teologica. - (PB)

In 2016, in Milan, during the Fuorisalone, some planets decide, playfully enough, with refined intelligence, to line up. To this end, they choose the Smaller Cloister of San Simpliciano. They are the planet Manga, the planet Nendo and the planet Design. Three planets that independently already influence the flux of infinite cerebral tides. Just imagine what they can bring about when they are all lined up, like obedient schoolchildren, ready to disrupt certainties and commonplaces. Here it is, the outcome. Under our astonished eyes. 50 chairs, offspring of manga, of Japanese culture and the love of design. 50 chairs. 50 cartoons. 50 movements. Dynamism. Fusion. Attitude. Oki Sato alias Nendo mixes languages, ages and knowledge, in the mystical port of a cloister in Milan. 50 hybrid versions of the same chair, all re-mirroring pondered reflections. 50 exercises made for the Friedman Benda gallery in New York, i.e.: when the planets line up to give a lecture. Theological Seating. - (PB)

Esercizi di Stile / Exercises in Style – Nendo, 50 Manga Chairs

"**Seggono**"/"Seat"

"Atterrano" / "Land"

"Allineano" / "Align"

"Schivano" / "Avoid"

"Decollano" / "Take off"

"Riflettono" / "Reflect"

"Attecchiscono" / "Take root"

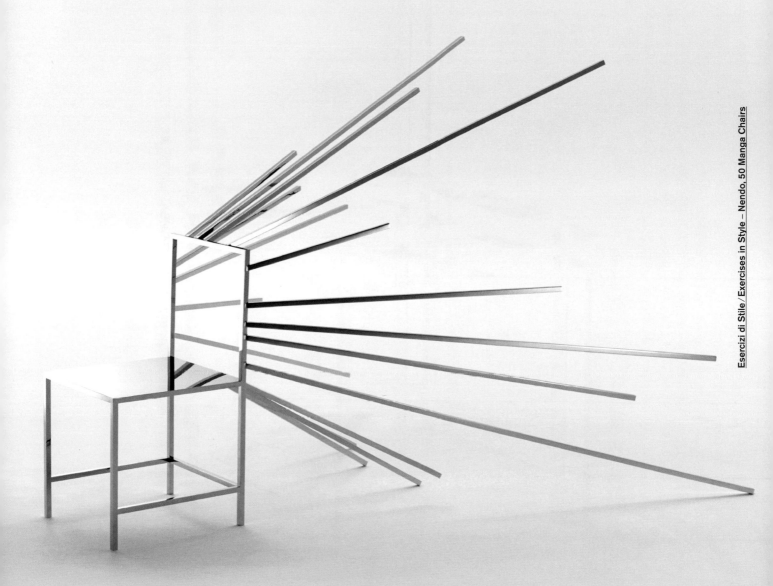

Esercizi di Stile / Exercises in Style – Nendo, 50 Manga Chairs

"**Esplodono**" / "Explode"

"Intrecciano"/"Intertwine"

Esercizi di Stile / Exercises in Style – Nendo, 50 Manga Chairs

"Tremano"/"Tremble"

"Brillano"/"Glow"

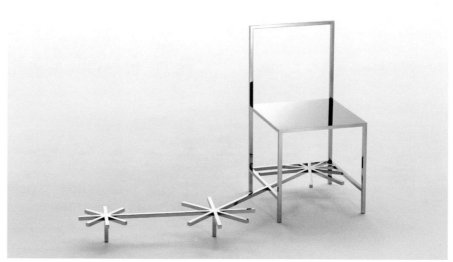

"Asteriscono"/"Asterisk"

"Scàrtano"/"Swerve"

"Camminano"/"Walk"

"Arretrano"/"Retreat"

"Spezzano"/"Break up"

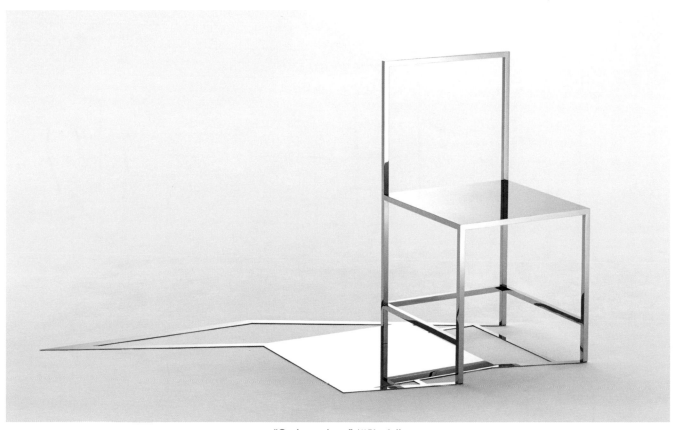

"Ombreggiano"/"Shade"

"Zigzagano"/"Zigzag"

"Divergono"/"Diverge"

Esercizi di *Stile* / Exercises in *Style* – Nendo, 50 Manga Chairs

"Raddoppiano"/"Double"

"Domandano"/"Ask"

"Lacrimano"/"Shed tears"

"Gócciano"/"Drip"

"Ruotano"/"Rotate"

"Includono"/"Include"

"Annuiscono"/"Nod"

"Aggirano"/"Bypass"

Esercizi di **Stile** / Exercises in **Style** – Nendo, 50 Manga Chairs

"Parlano" / "Speak"

"Scoperchiano"/"Uncover"

"Ondeggiano"/"Sway"

"Curvano"/"Curve"

"Ingannano"/"Deceive"

"Congiungono"/"Join"

"Traslano"/"Shift"

"Accerchiano"/"Surround"

"Svoltano"/"Turn"

"Filano"/"Go stringy"

"Flettono"/"Flex"

"Serpeggiano"/"Snake"

"Temono"/"Fear"

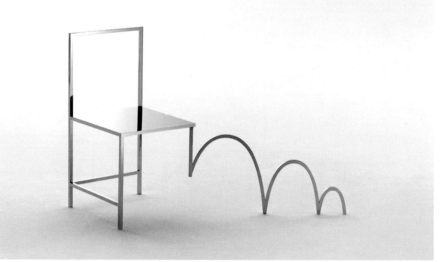

"Rimbalzano"/"Bounce"

"Swingano"/"Swing"

"Pontificano"/"Pontificate"

"Proiettano" / "Project"

"Rinchiudono" / "Enclose"

"Partoriscono" / "Give birth"

"Crescono" / "Grow"

"Tramandano" / "Pass on"

"Sorreggono" / "Support"

"Elèvano" / "Raise"

Esercizi di Stile / Exercises in Style – Nendo, 50 Manga Chairs

I — 186. **L'architettura dell'Arte**/The architecture of Art

Ângela Ferreira

di/by **Cristina Fiordimela**

Entrer dans la mine.
Arte come politica dell'architettura.

Artista timida, cinica, troll? Ângela Ferreira è un'artista politica dell'architettura. Esplosiva, fuori dalle inquadrature, la sua ricerca manifesta un chiaro disagio emotivo e intellettuale. Ângela Ferreira lavora sull'architettura come fabbrica-macchina di contraddizioni e di risvegli sociali. L'arte di Ferreira ritrae molte vite dello spazio architettonico: quelle sedimentate dalla storia e quelle istantanee di un abitare improvvisato e imprevisto nato tra lo scarto di urbanità coloniali, riscatti identitari e sconvolgimenti globali. L'incipit è il Mozambico, Maputo. Qui Ângela Ferreira nasce nel 1958 da una famiglia portoghese residente da più generazioni e vive durante gli ultimi anni del regime coloniale, prima di trasferirsi, con tappa a Lisbona, a Città del Capo in Sudafrica. Ângela Ferreira vive lo spaesamento post-coloniale, attraversa i conflitti sociali, partecipa all'eccitazione creativa nei fragili intervalli tra le guerre civili, conosce i linguaggi dell'arte minimalista nelle riviste e nei cataloghi, e tocca da vicino la ricerca di Anthony Caro, allievo di Henry Moore, che lavora sullo spazio miscelando scultura e architettura. Lisbona è l'altra cultura d'origine, l'attracco da cui ripartire verso il sud del mondo. Ângela Ferreira decostruisce e mette a nudo le correlazioni tra codici estetici dell'architettura moderna e politiche imperialiste-coloniali, per rielaborarle come strumento di indagine antropologico-culturale di un'Africa di indipendenza. Le sue ricomposizioni plastiche-performative possono definirsi come arte-palinsesto, ossia riscrittura simultanea dello spazio che insinua nuove presenze dopo avere rimosso strati e dischiuso fratture lasciate dal tempo. Arte-palinsesto – seguendo l'etimo greco *palímpsestos* "raschiato di nuovo" – che innesta e attiva molteplici paesaggi: la modernità, eredità culturale inscritta nel *corpus-fabrica*, l'arte performativa che agisce da detonatore di lampi sociali, il territorio come magma non-finito tra soggettività e materia. I media – fotografia, suono, audiovisivo – sono lo strumento armato con cui Ângela Ferreira mina le arti stesse, rapprese nell'architettura come status quo del moderno e veicolo silente della propaganda imperialista d'oltremare. In questa sua attitudine a guardare l'architettura come sistema di

→

Entrer dans la mine.
Art as politics of architecture.

A timid artist, a cynic, a troll? Ângela Ferreira is a political artist of architecture. Explosive, outside the box, her research manifests a clear emotional and intellectual discomfort. Ângela Ferreira works on architecture as a factory-machine of contradictions and social reawakenings. Her art portrays many lives of architectural space: those accumulated in history and the instant lives of improvised, unforeseen settlement, arising between the debris of colonial urbanity, redemption of identities and global upheavals.
The beginning is in Mozambique, at Maputo. Here Ângela Ferreira was born in 1958 in a Portuguese family residing there for generations, and she lived here during the last years of colonial rule before moving, by way of Lisbon, to Cape Town, South Africa. Ângela Ferreira lived through post-colonial disorientation, crossed social conflicts, took part in the creative excitement in the fragile gaps between civil wars. She learned about the languages of minimal art from magazines and catalogues, and came into close contact with the research of Anthony Caro, a student of Henry Moore, who worked on space by mixing sculpture and architecture. Lisbon is another culture of origin, a base from which to depart again, towards the south of the world.
Ângela Ferreira deconstructs and lays bare the correlations between aesthetic codes of modern architecture and imperialist-colonialist politics, reworking them as a tool of anthropological-cultural investigation of an Africa of independence. Her plastic-performative reassemblages could be defined as palimpsest-art, i.e. simultaneous rewriting of the space that insinuates new presences after having removed layers and opened up fissures left behind by time. Palimpsest-art – in keeping with the Greek root *palímpsestos* "again scraped clean" – that triggers and activates multiple landscapes: modernity, cultural heritage inscribed in the *corpus-fabrica*, performance art that acts as a detonator of social lightning, the territory as non-finite magma between subjectivity and matter. Media – photography, sound, audio-visuals – are the weapons with which Ângela Ferreira undermines the arts themselves, clustered in architecture as status quo of the modern and silent vehicle of overseas imperialist propaganda. In this way of looking at architecture as a system of dislocations and transplants aimed at reordering cultures and territories according to canons imposed by

→

MERIDIAN HOUSE
(A RESPONSE
TO AN ENGLISH PARK)
2008
FRIEZE ART FAIR 2008

Photo: Lyndon Douglas /Frieze

dislocazioni e trapianti volti a riordinare culture e territori assecondando canoni imposti di controllo sociale, si ripercuote il pensiero di Benoît Goetz: "Ancora più che la rappresentazione ostentatoria del potere, l'architettura sta alla base di un'arte del comandare. Tutto il potere si esercita architettonicamente"[1]. D'altronde, nella stessa scia critica, Jean-Pierre Garnier osserva che "già l'etimologia greca della parola lo attesta: il prefisso *arkhi* esprime la preminenza, designando ciò che viene prima in un ordine sia cronologico che gerarchico. Detto altrimenti, il cominciamento va di pari passo con il comandamento (*arkhé*)"[2].

Architetture decodificate, smontate pezzo a pezzo, ridotte con balzi di scala a fondali inerti, deformate da invisibili lanci contundenti, capovolte sottosopra da rovesciamenti di senso, traslate dal piano utopico delle ideologie alle aree di articolazione politica come pratica artistica: l'esplosività di Ângela Ferreira è nell'implosione dell'immaginario collettivo, in cui la tensione verso l'indipendenza del Sudafrica si specchia nell'atto di autonomia dell'artista rispetto ai canoni culturali. Alternanza e provvisorietà, ossessione e distacco, sono la coppia estetica (motrice) del doppio registro che dà il passo all'opera di Ferreira, altalenando all'autoritratto di artista-abitante senza patria tra Africa e Portogallo, il disincanto e la forza politica dell'accadere artistico, come forma di (auto)coscienza sull'arte. È un guardare forzato e a intermittenza, tra affondi, separazioni, allontanamenti, procedendo per mutilazioni sul corpo architettonico, rianimato dall'infiltrazione di voci, danze, film, volteggi. Nell'arte-palinsesto di Ângela Ferreira il sito non è incorporato nell'opera come reagente semiotico, è piuttosto una superficie dove innescare nuove sintassi dissodando e manipolando il potenziale performativo dei media. Transfer, cinesi, migrazioni di corpi-immagini, trasformano l'architettura in tribuna-tributo all'Africa indipendente, sovrapponendo palcoscenici-schermi televisivi, chioschi-padiglioni effimeri, altoparlanti-radio trasmettitori, habitat-mobili performativi-mediatici, a distese di orizzonti spezzate dalle incursioni del costruito. Un paesaggio multisintattico che conduce all'arte-politica teorizzata dallo "spatial turn" nel solco di Edward William Soja: "Cercando nuove vie per un'azione politica che possa ridurre la povertà, il razzismo, la discriminazione sessuale; provando a comprendere i conflitti geopolitici che si moltiplicano a scala globale; o anche producendo nuove visioni attraverso la ricerca accademica e la scrittura: attraverso tutto questo stiamo progressivamente acquisendo la consapevolezza che siamo, e siamo sempre stati, esseri intrinsecamente spaziali oltre che temporali, forze attive nella produzione e riproduzione delle vaste geografie umane in cui si svolge la nostra esistenza, tanto quanto e con vincoli simili a quelli con i quali costruiamo le nostre storie"[3]. L'impegno politico di Ângela Ferreira prende corpo nelle strade, tra i fumi dei pneumatici bruciati della rivolta

Collapsing Structures/Talking Buildings, 2012
Haus der Kulturen der Welt, Berlino

Photo: © Judith Affolter/Thomas Eugster

social control, we can hear echoes of the thinking of Benoît Goetz: "More than the ostentatious representation of power, architecture is the principle of an art of commanding. All power is exercised architecturally"[1]. Elsewhere, on the same critical trail, Jean-Pierre Garnier observes that "the Greek etymology of the word states as much: the prefix *arkhi* expresses pre-eminence, designating what comes first chronologically as well as hierarchically. In other words, the beginning goes together with command (*arkhé*)"[2]. Works of architecture decoded, broken down piece by piece, reduced to inert backdrops by leaps of scale, deformed by invisible blunt blows, turned upside-down by reversals of meaning, shifted from the utopian plane of ideologies to areas of political articulation as an artistic practice: the explosive impact of Ângela Ferreira lies in the implosion of the collective imaginary, in which the drive towards independence in South Africa is reflected in the act of autonomy of the artist with respect to cultural canons. Alternation and provisionalism, obsession and detachment are the aesthetic torque of the dual register that sets the pace of Ferreira's work, swinging back and forth between self-portrait of the artist-inhabitant without a country in Africa and Portugal, and the disenchantment and political force of the artistic action, as a form of (self) knowledge on art. It is a forced, intermittent observation, between inroads, separations, distancings, proceeding through mutilations of the architectural body, reanimated by the infiltration of voices, dances, films, turns. In the palimpsest-art of Ângela Ferreira the site is not incorporated in the work as a semiotic reagent; it is instead a surface on which to trigger new syntaxes, breaking up and manipulating the performative potential of media. Transfer, kinesis, migrations of image-bodies, transform architecture into a tribune-tribute to independent Africa, superimposing stages-television screens, kiosks-temporary pavilions, speakers-radio transmitters, performative-media habitat-furnishings, expanses of horizons broken up by the incursions of construction. A multi-syntactic landscape that leads to the art-politics theorized by the "spatial turn" in the wake of Edward William Soja: "Seeking ways to act politically to reduce poverty, racism, sexual discrimination, and environmental degradation; trying to understand the multiplying geopolitical conflicts around the globe; or seeking new insights through academic research and writing, we are becoming increasingly aware that we are, and always have been, intrinsically spatial as well as temporal beings, active participants in the production and reproduction of the encompassing human geographies in which we live, as much and with similarly given constraints as we make our histories"[3]. The political engagement of Ângela Ferreira takes form in the streets, amidst the smoke of burning tyres of revolt, the non-sense of prefab ruins shipped in air cargo containers, never completed complexes, traffic arteries left in a half-finished state. A scenario of ruins that Ângela Ferreira breaks down

e il non-sense di relitti prefabbricati sbarcati da container aerei, di complessi mai edificati, di arterie infrastrutturali rimaste a metà. Uno scenario di rovine che Ângela Ferreira decompone e rimaneggia nutrendosi da un lato delle pitture di Malevich e dello strutturalismo di Rodchenko "che si distaccano dai muri e dagli angoli nascosti", e dall'altro dell'esperienza intima e diretta come pratica artistica coltivata dalle donne, che approfondisce nei lavori di Helen Martins per il suo visionario *environment* alla "Owl House", e nelle opere di Sherrie Levine, di cui rivisita il modo di ripercorrere processi artistici maschili mutandone i materiali per suscitare spazi critici differenti.
Le relazioni tra materia e forma, i rilievi e i controrilievi di Tatlin, i disequilibri degli artisti dell'Ombochu e le costruzioni spaziali della scuola del Vchutemas, e soprattutto "gli utensili politici" di Gustav Klucis, sono rielaborati da Ferreira come invariante metodologica del lavoro riflessivo e artistico, che incorpora in un atto unico analisi e rappresentazione.
A fungere da miccia è il de-metraggio delle arti performative (dal concetto di *un-measuring*, de-misurare di Freddy Paul Grunert del 2016), che si annida nel periodo universitario quando, a causa del boicottaggio internazionale culturale ed economico dell'Africa dell'apartheid, Ângela Ferreira studia il moderno con il ridisegno da diapositiva e la lettura. Una forma di de-metraggio, come osservazione indiretta, edulcorata e ri-vista dalla critica, che Ângela Ferreira sviluppa in metodo di indagine antropologica attraverso il ri-tratto dell'architettura seguendo le visioni fotografiche dell'artista sudafricano David Goldblatt, per poi fissarlo come ri-scrittura dell'abitare nelle interazioni spazio-tempo delle sue installazioni-palinsesto.
De-metraggio alla Godard da cui traspira quel "desiderio di immagine" con cui il cineasta descrive il suo progetto sperimentale per introdurre la televisione in Mozambico: esperimento "tra la piccola società occidentale del cinema annegata sotto i flutti quotidiani dell'immagine e il grande paese nuovo e maldestro, uscito dalla notte coloniale, ciascuno con lo stesso numero di telecamere, registratori, monitor"[4]. Un sogno incompiuto che riemerge in "For Mozambique (Model No.1 of Screen-Tribune-Kiosk celebrating a post-independence Utopia)" dove Ângela Ferreira intreccia una sorta di ricamo-drammaturgia, come continuo riconfigurare l'attualità scrostando il repertorio con l'intensa levità di poetesse, acrobati, minatori danzanti.
"Niente di più che un infante", scrive Godard a proposito di questo progetto televisivo africano, riportandoci a un'altra delle sue riprese cinematografiche: quella di un camion in movimento colmo di laterizi, come metafora dello spazio femminile che egli affida alle parole di Marguerite Duras, in "Sauve qui peut (la vie)" del 1980: "Ogni volta che vedrete passare un camion, pensate che sta passando la parola di una donna. Se c'è un luogo che appartiene alla donna, se questo luogo esiste, e non ne sono certa, penso che non sia molto diverso da un luogo d'infanzia, molto più d'infanzia di quanto sia un luogo che appartiene all'uomo. L'uomo è molto più infantile della donna, ma ha in sé meno infanzia". – (CF)

and rearranges, feeding on the paintings of Malevich and the structuralism of Rodchenko "that separate from walls and hidden corners", but also on personal, direct experience as an artistic practice cultivated by women, which she explores in the works of Helen Martins for her visionary environment at the "Owl House", and the works of Sherrie Levine, reviewing a way of reiterating male artistic processes while changing the materials to give rise to different critical spaces. The relations between matter and form, the reliefs and counter-reliefs of Tatlin, the imbalances of the artists of Ombochu and the spatial constructions of the Vkhutemas school, and above all "the political tools" of Gustav Klutsis, are reworked by Ferreira as a methodological constant of research and artistic endeavour, incorporating analysis and representation in a single act.
The fuse to ignite is the un-measuring of the performing arts (from the concept formulated by Freddy Paul Grunert in 2016), nestled in the university period when due to the international cultural and economic boycott of the apartheid era Ângela Ferreira studied modern architecture by redrawing it from slides, and by reading. A form of un-measurement as indirect observation, watered down and re-viewed by criticism, which Ângela Ferreira develops as a method of anthropological investigation, through the re-depiction of architecture, following the photographic visions of the South African artist David Goldblatt, to then formulate it as re-writing of habitation in the space-time interactions of her palimpsest-installations.
Un-measurement as in Godard, conveying that "desire of images" with which he described his experimental project for a television station in Mozambique: an experiment between "the small Western society of cinema drowned in the daily flow of images, and the great new and forlorn country that has emerged from the colonial night, [in which] both simply and approximately possess the same number of cameras, recorders and monitors"[4]. An unfulfilled dream that resurfaces in "For Mozambique (Model No.1 of Screen-Tribune-Kiosk celebrating a post-independence Utopia)" where Ângela Ferreira weaves a sort of embroidery-dramaturgy, as a continuous reconfiguration of the present, dusting off the repertoire with the intense levity of women poets, acrobats, dancing miners. "No more than a child", Godard writes regarding this African television project, taking us back to another of his filmed shots: that of a lorry in motion, full of bricks, as a metaphor of the feminine space which he entrusts to the words of Marguerite Duras, in "Sauve qui peut (la vie)" in 1980: "Every time you see a lorry go by, think that what is passing is the word of a woman. If a place exists that belongs to woman – though I am not sure it does – I think it would not be very different from childhood, it would pertain much more to childhood than a place that belongs to man. Man is much more infantile than woman, but he contains less childhood". – (CF)

L'architettura dell'Arte / The architecture of Art – Ângela Ferreira

1) Benoît Goetz, "La dislocation: critique du lieu", in Chris Younès, Michel Mangematin, *Lieux contemporains*, Descartes et Cie, 1997
2) Jean-Pierre Garnier, *Architecture et anarchie. Un couple mal assorti*, Ravages Éditions, 2004
3) Edward William Soja, "Taking Space Personally" in *The Spatial Turn: Interdisciplinary Perspectives*, Routledge, 2009
4) Jean-Luc Godard, "Nord contre Sud ou Naissance (de l'image) d'une nation", in *Cahiers du cinéma*, no 300, Les Éditions de l'Étoile, maggio/May 1979

Una torre in bilico, leggera, in legno sottile, aerea, con l'inclinazione della spirale utopica di Tatlin, un chiosco-palinsesto alla Gustav Klucis, emancipato dalla funzione propagandistica e ricomposto come cassa di risonanza agitprop: il lato A del quadro di proiezione riproduce Bob Dylan al concerto "Hard Rain" mentre canta "Mozambique" (1976), in omaggio alla sua decolonizzazione, sul lato B dello stesso schermo scorrono le immagini di "Makwayela", film girato nel 1977 dall'antropologo Jean Rouch – innovatore del documentario etnografico e padrino della Nouvelle Vague – che ha per soggetto un gruppo di operai di una fabbrica di vetro, provenienti dalle miniere sudafricane. La loro danza cantata riadatta la condizione dei minatori al desiderio di una vita diversa nel Mozambico appena liberato dal giogo coloniale. Una seconda installazione di cornici, ancora nel segno di Klucis, aggiunge un'altra prospettiva sul Mozambico degli anni Settanta: il progetto di Jean-Luc Godard e Anne-Marie Miéville per la società cinematografica Sonimage, con l'intento di creare una rete televisiva. Progetto sperimentale, rimasto sulla carta, per il primo canale tv in Mozambico con cui Godard auspicava di ripensare il senso del media televisivo in un percorso collettivo, spogliato della obsolescenza occidentale. Ferreira riproduce i fogli dattiloscritti da Godard e Miéville, mettendoli in sequenza dinamica a fisarmonica: un invito a leggere "Nord contre Sud ou Naissance (de l'image) d'une nation" (1977).

A light, balancing tower in thin, airy wood, inclined at the same angle of the utopian spiral of Tatlin. A palimpsest-kiosk à la Gustav Klutsis freed of the propaganda function and reformulated as an agitprop sounding board: the A side of the projection shows Bob Dylan at the "Hard Rain" concert as he sings "Mozambique" (1976), in a tribute to its decolonisation, while the B side of the same screen shows images from "Makwayela", the film shot in 1977 by the anthropologist Jean Rouch – an innovator of the ethnographic documentary and godfather of the Nouvelle Vague – which is about a group of workers in a glass factory, hailing from the South African mines. Their dance with singing adjusts the condition of the miners to the desire for a different life in Mozambique, just freed of the yoke of colonial rule. A second installation of frames, again in the style of Klutsis, adds another perspective on Mozambique in the 1970s: the project by Jean-Luc Godard and Anne-Marie Miéville for the film production company Sonimage, with the aim of creating the first television station. An experimental project, never implemented, for the first TV channel in Mozambique, with which Godard wanted to rethink the meaning of the television medium in a collective path, stripped of its occidental obsolescence. Ferreira reproduces the typewritten sheets of Godard and Miéville, putting them into a dynamic accordion sequence: an invitation to read "Nord contre Sud ou Naissance (de l'image) d'une nation" (1977).

Talk Tower for Ingrid Jonker
2012

Ferreira ambienta i suoi disegni di "Talk Tower" su una spiaggia di Cape Town, interstizio di inizio-fine della vita, di inizio-fine del viaggio verso l'indipendenza. Un cono intrecciato come un cesto, esile e precario, oscilla nel vento appena sostenuto da sottili cavi in tensione, tra una torre radio di Šuchov costruita a Mosca negli anni Venti e i chioschi di Klucis. Alla sommità echeggiano i versi di *Escape*, poesia di Ingrid Jonker, poetessa attivista sudafricana: "Sono il gabbiano, famelico, che vola in picchiata".

....

Mostra/Exhibition, Marlborough Contemporary, London, UK

Ferreira in her drawings sets "Talk Tower" on a beach in Cape Town, an interspace of beginning-end of life, beginning-end of the voyage towards independence. A cone woven like a basket, slender, precarious, wavers in the wind, barely supported by thin cables in tension, starting from 1920s Shukov's radio tower in Moscow and Klutsis's kiosk. At the top, the verses from *Escape* of Ingrid Jonker, the South African activist-poet, resound: "That I am the gull that swoops in famished flights".

....

Mostra/Exhibition "Hard Rain Show", Museu Fundação Berardo, Lisbon, Portugal

Photo: Luis Colaço

**For Mozambique
(Model No.1 of Screen-Tribune-Kiosk
celebrating a post-independence Utopia)
2008**

L'architettura dell'Arte / The architecture of Art – Ângela Ferreira

House Maputo:
an intimate portrait
1999

Due schermi di proiezione, uno curvo,
l'altro ottenuto incrociando due
piani, riproducono in antitesi due
diversi modi di cartografare il mondo:
quello matematico-cartesiano della
proiezione gnomonica e quello empirico
della proiezione di Robinson. L'uno
apparentemente più naturale nasconde
una visione codificata e manipolata
della realtà, mentre l'altro sottolinea
l'impatto deformante dei media. Sugli
schermi-scultura sono proiettate le
immagini della casa natale di Ferreira a
Maputo, ripresa in due diversi momenti,
affiancando la versione in bianco e nero
del 1959 al colore del 1999. Architettura
dell'infanzia e prima presa diretta con
il modernismo coloniale. La texture
delle linee geodetiche riprende un'opera
precedente, "Crossing the line", sempre
incentrata sulla tensione tra distanza e
vicinanza nella biografia oggettivata in
cui l'attraversamento in nave della linea
dell'Equatore assume la dimensione poetica
di una narratività "involontaria". La casa
natia come habitat di origine e start
artistico e politico, si ritrova sotto
altre sembianze in "Amnésia" del 1997,
composizione video dove l'artista miscela
la visione commerciale e nostalgica del
Mozambico degli anni Sessanta e Settanta
vista dagli occhi dei "signori coloniali
del passato", con i mobili di famiglia
disposti su un unico piano: ensemble di
cultura anestetizzata.

Two projection screens, one curved,
the other made by crossing two planes,
reproduce the antithesis of two different
ways of mapping the world: mathematical-
Cartesian gnomonic projection and the
empirical approach of Robinson projection.
One, apparently more natural, conceals
an encoded and manipulated vision of
reality, while the other emphasises the
deforming impact of media. The sculpture-
screens show images of the house where
Ferreira was born, in Maputo, shot in
two different moments, juxtaposing the
black and white version from 1959 and the
colour version of 1999. Architecture of
childhood, first direct impact of colonial
modernism. The textures of the geodetic
lines link back to an earlier work,
"Crossing the line", again focused on the
tension between distance and proximity in
objectified biography, the crossing of
the Equator by sea, takes on the poetic
dimension of an "involuntary" narrative.
The birthplace-house as habitat of origin
and artistic and political start is seen
in a different guise in "Amnésia", from
1997, a video composition where the artist
mixes the commercial and nostalgic vision
of Mozambique of the 1960s and 1970s,
seen through the eyes of the "colonial
lords of the past", with family furniture
arranged on a single plan: an ensemble of
anaesthetised culture.

Mostra/Exhibition,
"No place at All",
Museu do Chiado, Lisbon,
Portugal, 2003

Photo: Mário Valente

Entrer dans la mine
2013

"Je vais entrer dans la mine",
recita una canzone di minatori
del Kibemba, interpretata per la
messa in opera di questa scultura
sull'utopia. Inclinata di 23,4°
come il "Monumento alla Terza
Internazionale" di Vladimir Tatlin,
è sostenuta dall'architettura
modernista di Claude Strebelle,
e la notte si illumina come
"'Monuments' for V. Tatlin"
di Dan Flavin (1964):
arte-palinsesto multilayer.

....

Biennale de Lubumbashi, Congo
Installazione/Installation,
performance, video

"Je vais entrer dans la mine",
say the words of a song of the
miners of Kibemba, interpreted
for the staging of this sculpture
on utopia. Sloping at an angle of
23.4° like the "Monument to the
Third International" of Vladimir
Tatlin, it is supported by the
modernist architecture of Claude
Strebelle, and lights up at
night like the "'Monuments' for
V. Tatlin" by Dan Flavin (1964):
multilayer palimpsest-art.

Photo: Guy Tillim

L'architettura dell'Arte / The architecture of Art – Ângela Ferreira

Photo: Jürgen Bock

Performance il/on 03.10.2013,
Cantanti/Singers: Isis Keto,
Alain Lumbala Kazaku

Zip Zap Circus School
2000

Photo: Roger Meintjes

Photo: Michael Hall

Mostra/Exhibition,
"Ângela Ferreira: Zip Zap Circus School",
ICA – Institute of Contemporary Art,
Cape Town, South Africa, 2002

Mostra/Exhibition,
"No Place at All",
Museu do Chiado, Lisbon,
Portugal, 2003

Il progetto-matrice è il complesso architettonico mai realizzato ideato da Pancho Guedes per una scuola di circo in Sudafrica. Per la mostra collettiva "More Works about Buildings and Food" (2000), Ângela Ferreira ne rielabora la composizione utilizzando i materiali costruttivi che Pedro Gadanho sceglie per l'allestimento dell'esposizione. Il suo modello-padiglione dello "Zip Zap Circus" diventa prolungamento dell'architettura espositiva del white cube a Oeiras, rilegando architettura africana ed europea. In una successiva esposizione a "Inthemeantime" (2001) al De Appel Arts Centre di Amsterdam, Ângela Ferreira riprende la scuola di circo di Guedes, riedificandone il modello con i materiali usati da Mies van der Rohe per la maquette della casa di campagna a Ellenwoude nel 1912. Nel 2002 a Cape Town ripropone un modello a scala reale che ha la vocazione di una scultura-ambiente temporanea, luogo pubblico che ricuce e strappa, a seconda del punto di vista, il non-luogo di un viadotto monco.

The matrix of the project is the architectural complex that was never built imagined by Pancho Guedes for a circus school in South Africa. For the group show "More Works about Buildings and Food" (2000), Ângela Ferreira reworks the composition, using the construction materials employed by Pedro Gadanho for the set-up of the exhibition. Her model-pavilion of the "Zip Zap Circus" becomes an extension of the exhibit architecture of the white cube at Oeiras, connecting African and European architecture. In "Inthemeantime" exhibition (2001) at De Appel Arts Centre in Amsterdam, Ângela Ferreira again focuses on Guedes's circus school, rebuilding the model with the materials used by Mies van der Rohe for the mock-up of the country house at Ellenwoude in 1912. In 2002 in Cape Town she proposes again in actual size, a temporary environment-sculpture, a public place that mends and rends – depending on the viewpoint – the non-place of a truncated viaduct.

L'architettura dell'Arte / The architecture of Art – Ângela Ferreira

Una distesa disseminata di attrezzature essenziali che avrebbero dovuto servire una nuova zona abitativa in risposta allo sviluppo di flussi migratori in cerca di lavoro dalla campagna alla città, illegale durante l'apartheid: è il sedime di un'installazione tra arte minimale e governo globale. Attraverso quattro sculture semi astratte nate dall'assemblaggio di elementi di queste meta-costruzioni in cemento, lamiere e tubi di plastica, Ferreira affronta la questione tra centro e periferia, tra politica ed estetica.

An expanse littered with essential equipment that was supposed to be used in a residential zone as a response to the rapid rise of migration in flight from countryside towards urban areas in search of jobs, illegal during apartheid: the starting point for an installation between minimal art and global governance that through four semi-abstract sculptures and the assembly of items taken from these meta-constructions in concrete, sheet metal and plastic tubing, Ferreira investigates the question of centre and periphery, politics and aesthetics.

Collezione/Collection
I.A./ Ministry of culture, Lisbon, Portugal
Iziko South African National Gallery, Cape Town, South Africa
Johannesburg Art Gallery, Johannesburg, South Africa

Photo: Luis Colaço

L'architettura dell'Arte / The architecture of Art – Ângela Ferreira

Die Vlermuis Huis (The Bat House) 2006

Tre diverse tappe dell'indagine che Ângela Ferreira elabora tra architettura moderna e paesaggio. Attraverso la decostruzione della composizione formale e il rovesciamento copertura/suolo si dissolve la dicotomia interno/esterno, in un unico paesaggio. "The Bat House" ri-colloca il moto ondulatorio del tetto della casa "Die Es" (1965) dell'architetto sudafricano Gabriël Fagan. "Crown Hall/Dragon House" inverte il sistema costruttivo a piastra dell'IIT – Illinois Institute of Technology a Chicago (1950-1956), di Mies van der Rohe, integrandolo alle geometrie moderniste della "Dragon House" (1951) a Maputo, di Pancho Guedes. "Random Walk", frammenta gli elementi della copertura di "Villa Savoye" (1928-1931) di Le Corbusier in un'installazione aperta.

Three different phases of the investigation conducted by Ângela Ferreira on modern architecture and the landscape. Through the deconstruction of the formal composition and the reversal between roof and ground, the indoor-outdoor dichotomy is dissolved in a single landscape. "The Bat House" repositions the undulating movement of the roof of the "Die Es" house (1965) by the South African architect Gabriël Fagan. "Crown Hall/Dragon House" inverts the slab construction system of the IIT Illinois Institute of Technology in Chicago (1950-1956), by Mies van der Rohe, combining it with the modernist geometry of the "Dragon House" (1951) at Maputo, a work by Pancho Guedes. "Random Walk" breaks up the elements on the roof of "Villa Savoye" (1928-1931) by Le Corbusier to make an open installation.

Photo: Fundação Calouste Gulbenkian, Lisbon

L'architettura dell'Arte / The architecture of Art – Ângela Ferreira

Crown Hall/ Dragon House
2009

Random Walk
2005

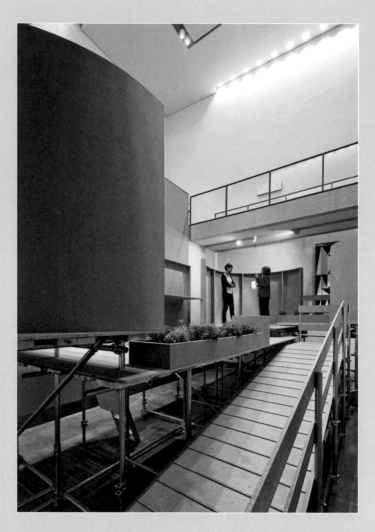

Mostra/Exhibition,
"Falemos de Casas –
Quando a Arte Fala
Arquitectura", Trienal
de Arquitectura de Lisboa,
Lisbon, Portugal, 2010

Werdmuller Centre
2010

Architettura e capitalismo, design e consumo. Con un salto di scala Ângela Ferreira condensa in un corpus attrezzato mobile, derivato dal complesso commerciale progettato da Roelof Uytenbogaardt nel 1976, contraddizioni e sinergie tra comfort-forma-flusso finanziario nel movimento di trasformazione del dispositivo-metafora dell'architettura come linguaggio.

Architecture and capitalism, design and consumption. With a leap of scale, Ângela Ferreira condenses contradictions and synergies between comfort-form-financial flux in a mobile equipped body, derived from the shopping centre from 1976 designed by Roelof Uytenbogaardt, in the movement of transformation of the device-metaphor of architecture as language.

L'architettura dell'Arte / The architecture of Art – Ângela Ferreira

Installazione presso
/Installation view
South Facing, Johannesburg
Art Gallery, Johannesburg,
South Africa, 2017

Stevenson Gallery,
Cape Town, South Africa

Photo: Mario Todeschini

Maison Tropicale
2007

Photo: Mario Valente

Installazione complessa a grande scala, presentata alla 52° Esposizione Internazionale d'Arte della Biennale di Venezia, che rilegge il progetto per le "Maison Tropicale" (1949-1951) di Jean Prouvé: prototipi di abitazioni-uffici per l'insediamento della Société de l'Aluminium francese, installati a Niamey in Niger e a Brazzaville in Congo. Ângela Ferreira ne ripercorre l'itinere come convergenza di più processualità a partire dallo svolgimento ideativo degli Atelier Prouvé, che mettono a punto un sistema costruttivo leggero, stoccabile in container per essere trasportato oltremare in economia, con aeroplani, facile e veloce da montare, e soprattutto dotato di innovativi stratagemmi di aerazione adattabili alle escursioni termiche tropicali. La ricomposizione di Ferreira reinterpreta il tema della dislocazione trapianto-espianto, come sospensione di senso, ricomponendo con materiali diversi la struttura-container, e registrando con un report fotografico le tracce lasciate dalle case estirpate dopo la riscoperta del lavoro di Prouvé negli anni Novanta, e riportate in Francia da collezionisti che le hanno diversamente restaurate e ne hanno restituito il valore d'uso.

A complex installation on a large scale, presented at the 52nd Venice Art Biennale, to reinterpret the project for the "Maison Tropicale" (1949-1951) by Jean Prouvé: prototypes of residence-offices for the settlement of the French Société de l'Aluminium, installed at Niamey in Niger and at Brazzaville in Congo. Ângela Ferreira retraces the itinerary of the project as a convergence of multiple processes, starting with the development of the idea of the Ateliers Prouvé, that refines a light construction system that could be stored in containers for economical overseas shipment with airplanes. The system was easy and quick to assemble, and above all featured innovative strategies for ventilation, suitable for tropical zones. Ferreira's version reinterprets the theme of transplant-explant as a suspension of meaning, reassembling the container-structure with different materials, and recording in a photographic report the traces left by the uprooted houses after the rediscovery of the work of Prouvé in the 1990s, when they were taken back to France by collectors who restored them in different ways and put them back into use.

....

Mostra/Exhibition "52° Esposizione Internazionale d'Arte della Biennale di Venezia", Padiglione Portogallo, Venezia, Italia
Collezione/Collection Fondazione MUSEION, Bolzano

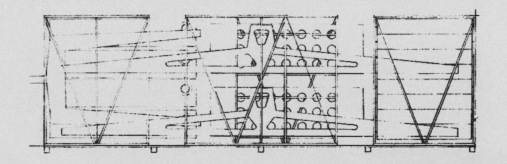

Photo: Mario Valente

L'architettura dell'Arte / The architecture of Art – Ângela Ferreira

Two Houses
2001

Photo: Ângela Ferreira

....
Mostra/Exhibition view
"Squatters", Witte de Wit,
Rotterdam, Netherlands,
2002

In "Two Houses" Ferreira ibrida le unità di J.J.P. Oud a Kiefhoek (Rotterdam, seconda metà degli anni Venti) con i prototipi residenziali di Álvaro Siza del quartiere Bouça (Porto, anni Settanta). In "Revolutionary Traces" Ferreira riflette ancora sull'esperienza di Siza per SAAL (Serviço Ambulatório de Apoio Local) sovrapponendola al suo progetto per Schilderswijk (L'Aja, 1989). Due esperienze di progettazione partecipata che riguardano entrambe l'architettura residenziale come pratica di mutualismo, tenute insieme dalla ricerca formale dell'architetto portoghese. Ângela Ferreira estrae i segni della portata rivoluzionaria che può assorbire e diffondere l'architettura, come mezzo di "trasporto" del soggetto nel fare collettivo. Architettura passionaria come pratica condivisa di comunismo in senso gramsciano. –(CF)

In "Two Houses" Ferreira crosses/ hybridises the housing units designed by J.J.P. Oud at Kiefhoek (Rotterdam, second half of the 1920s) and the residential prototypes by Álvaro Siza in the Bouça district (Porto, 1970s). In "Revolutionary Traces" Ferreira reworks Siza's experience for SAAL (Serviço Ambulatório de Apoio Local) merging it with his project for Schilderswijk (The Hague, 1989). Two experiences of participatory design, both having to do with residential architecture as a practice of mutualism, both held together by the formal research of the Portugese architect. Ângela Ferreira extracts the signs of the revolutionary impact architecture is able to absorb and spread, as a means of "transport" of the subject in collective doing. Architecture of passion, as a shared practice of communism in Gramsci's sense of the term. –(CF)

© Hein van Liempd

Stroom Den Haag,
The Hague, Netherlands

L'architettura dell'Arte / The architecture of Art – Ângela Ferreira

I — 187. **Altri Casi, Altre Case**/Other Cases, Other Houses

Cinque piante/Five plans

di/by **Matteo Pirola**

Gio Ponti
Alloggio uniambientale per quattro persone, Milano, Italia
1956

1.

La differenza tra "mono-locale" e "uni-ambientale" sembra sottigliezza letteraria, ma per un grande architetto che progetta piccoli spazi è fondamentale.
Questa idea, non realizzata, si trova nel mezzo di diverse prove, teorizzate e praticate, di nuovi spazi minimi.
Per Ponti la "casa ideale" non ha costrizioni, intese come stanze separate. Lo spazio deve essere continuo, fluido e dinamico, e i non-angoli, dove possibile, scartano l'ortogonale dei rigidi 90 gradi.
Essendo in atto la fase di ricostruzione del dopoguerra, dedicando gli sforzi alle case cosiddette "popolari", l'attenzione principale va alla qualità del volume spaziale, che se in antichità godeva di ampi spazi verticali, ora ribaltando lo stesso potenziale in orizzontale (per via delle costruzioni multipiano che sono limitate in altezza) vuole offrire per ogni alloggio spazi con "una parete distante almeno 5 o 6 metri". E qui, le viste prospettiche di piani sfalsati e profondità fanno il resto.
Il principio è quello delle visuali che attraversano tutta la casa senza ostacoli: poter vedere, e quindi "sentire", seppur temporaneamente e alternativamente, uno spazio senza soluzione di continuità, è la grande invenzione che offre un abitare davvero agile e moderno, e rende uno spazio anche piccolo estremamente prezioso. Importanti da notare le presenze in pianta degli occhi disegnati e delle linee di visuale che verificano la feconda penetrazione spaziale.

The difference between "one-room" and "one-space" might seem like a literary subtlety, but for a great architect who designs small spaces it is fundamental.
This idea – which was never built – is found in the midst of various trials for new minimum spaces, carried out in theory and practice. For Ponti the "ideal house" has no constrictions, no separate rooms. The space has to be continuous, fluid and dynamic, and the non-corners, where possible, disrupt to rigid pattern of 90-degree angles.
In the phase of post-war reconstruction, concentrating on so-called "popular" housing, the main focus was on the quality of the spatial volume, which in antiquity was granted large vertical spaces, and now shifts that potential horizontally (construction of buildings with multiple floors are limited in height), with the aim of offering every apartment spaces with "a wall at a distance of at least 5 or 6 metres". And here, the perspective views of staggered levels and depths do the rest.
The principle is that of views that cross the whole house, without encountering obstacles: to be able to see, and thus to "feel", though temporarily and alternately, a seamless open space, is the great invention that facilitates truly agile, modern living, making even a small space become extremely precious. It is important to note the presence in the plan of drawn eyes and sight lines to test the fertile spatial penetration.

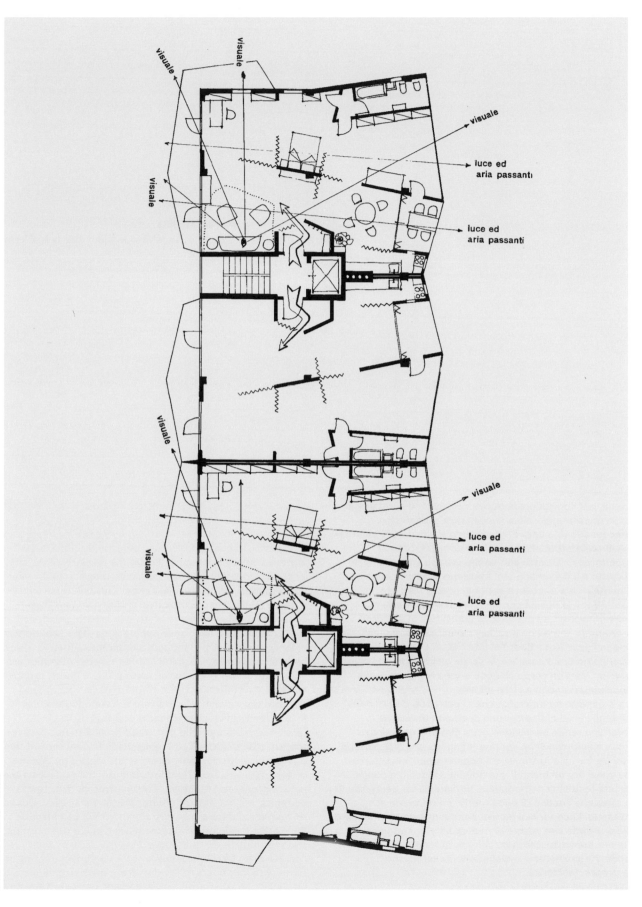

Altri Casi, Altre Case / Other Cases, Other Houses – Cinque piante / Five plans

Alvar Aalto
Wohn hochhaus Neue Vahr, Bremen, Germany
1958-1962

2.

A Brema, per concludere la nuova costruzione di un ampio
e basso quartiere-giardino, residenziale e periferico,
era necessario un punto di riferimento verticale, un landmark,
che Aalto interpretò alla perfezione con questa torre
di appartamenti. Questo alto segno urbano sta all'incrocio
tra il cardo e il decumano che tracciano le arterie principali
dell'intera area, e si colloca sopra la piazza centrale
e il centro con le attività commerciali. Il volume edilizio
sembra composto da due singoli edifici fusi in un corpo
solo orientato come una freccia, i cui estremi acuminati
tracciano l'asse Nord-Sud. Sul lato Est un parallelepipedo
lineare e squadrato contiene le scale, gli impianti e i servizi;
su quello Ovest un corpo sinuoso e tondeggiante ospita
i singoli appartamenti e i loro affacci.
Il suo prospetto ha un profilo che si potrebbe dire "a onda",
"a ventaglio", "ad ala", e ognuna di queste immagini
metaforiche rende bene l'idea di un disegno organico,
che non è solo una linea libera e fluida ma che è la perfetta
sintesi tra forma e funzione. Gli appartamenti sono pensati
come spazi uni-ambientali, per abitanti singoli o a coppie,
e per una residenza temporanea. Immaginiamo dei residenti
lavoratori, che escono di buon mattino e rientrano al
pomeriggio. Ecco forse il motivo per cui questa caratteristica
facciata diventa una specie di meridiana architettonica
per le ore luminose, dal mezzogiorno al tramonto,
da godere equamente e indistintamente all'interno
della propria residenza.

In Bremen, to conclude the new construction of a large,
low residential garden-complex on the outskirts of the city,
a vertical landmark was needed. Aalto interpreted the situation
perfectly with this apartment tower. This tall urban signal
is at the intersection of the cardo and decumanus that
constitute the main arteries of the whole area, positioned over
the central square and the shopping zone. The volume seems
to be composed of two individual buildings, fused in a single
body orientated like an arrow, whose tapered extremes are
on a north-south axis. On the eastern side a linear, squared
block contains the staircases, physical plant systems and
services; the western side is a sinuous, rounded volume
to host the individual apartments and their fronts.
Its elevation has a profile that could be said to be a "wave-
shaped", "fan-shaped" or "wing-shaped", and each of these
metaphorical images aptly conveys the idea of an organic
design, not just a free, fluid line, but also the perfect synthesis
between form and function. The apartments have been
designed, as "one-space" environments, for single residents
or couples, and for temporary sojourns. We can imagine
the worker residents leaving the place early in the morning,
and returning in the afternoon. This may be why the
characteristic facade becomes a sort of architectural sundial
for the brighter hours of the day, from noon to sundown, to
be equally and uniformly enjoyed inside one's own residence.

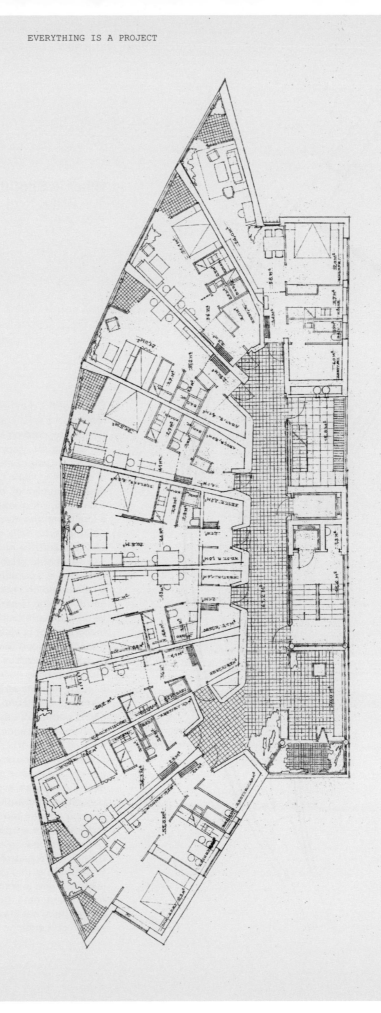

HOCHHAUS BREMEN
NORMALGESCHOSS, ALTERNATIVE 1/50
HELSINKI, 12.12.58. ALVAR AALTO

Altri Casi, Altre Case / Other Cases, Other Houses – Cinque piante / Five plans

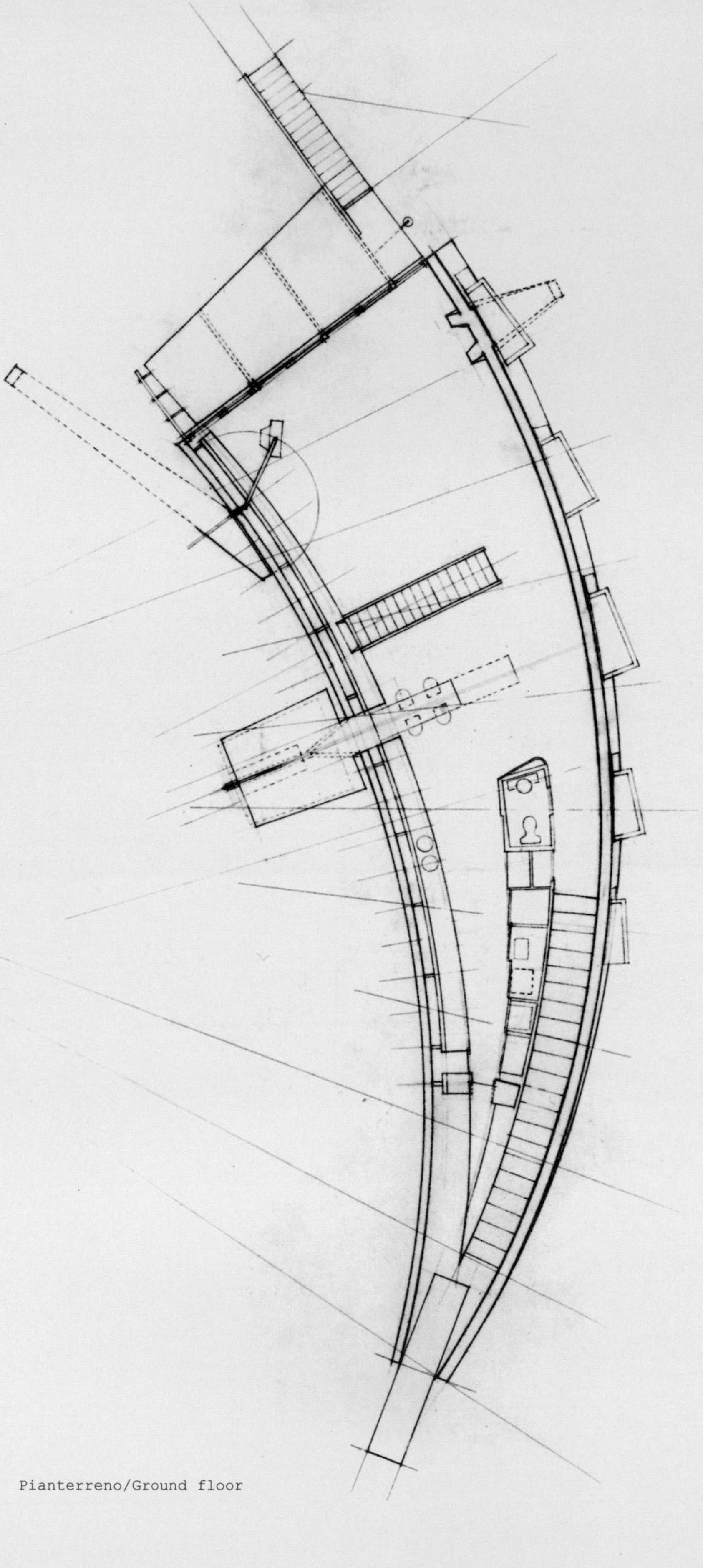

Pianterreno/Ground floor

Diller + Scofidio
Slow House, North Heaven, NY, USA
1989-1991

3.

È il progetto, non realizzato, di una residenza per villeggiatura, posta di fronte all'oceano, commissionata da un facoltoso immobiliarista giapponese, collezionista d'arte contemporanea. Manifesto di quella che viene chiamata "Architettura dell'Informazione", dove l'informazione è dato, bit, informatica, qui l'idea di abitare è usata per una messa in scena postmoderna della natura in relazione con l'abitante. La nuova tecnologia è lo strumento principale per attivare lo spazio, e il paradigma della finestra è l'elemento che media la vista, con-fondendo l'interno con l'esterno. La casa diventa una vera e propria macchina per la visione, spinta nella sperimentazione di un "meccanismo di eccitazione ottica": dal parabrezza dell'automobile necessaria a raggiungere il luogo, fino alla sovrapposizione disorientante di uno schermo televisivo con la cornice di una finestra. Una telecamera riprende e registra la vista esterna e la riporta su un monitor interno posizionato in prossimità della grande finestra. La visione quindi può essere diretta o differita, si può zoomare e spostarsi nell'immagine, o mandare indietro ad altro tempo: se di notte può trasmettere una vista diurna, se con nuvole una vista soleggiata, ecc. Quindi: cos'è reale e cos'è virtuale? Soprattutto in una casa di vacanze, in cui arrivare in velocità e poi rallentare repentinamente i ritmi, cercando di rimmergersi nel tempo della natura, magari con qualche rewind.

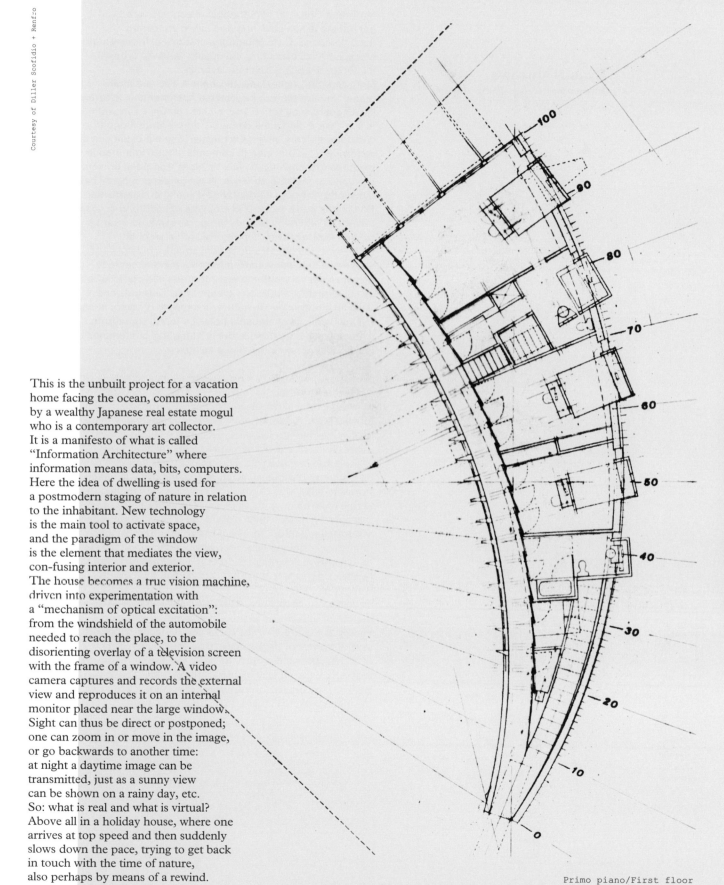

This is the unbuilt project for a vacation home facing the ocean, commissioned by a wealthy Japanese real estate mogul who is a contemporary art collector. It is a manifesto of what is called "Information Architecture" where information means data, bits, computers. Here the idea of dwelling is used for a postmodern staging of nature in relation to the inhabitant. New technology is the main tool to activate space, and the paradigm of the window is the element that mediates the view, con-fusing interior and exterior. The house becomes a true vision machine, driven into experimentation with a "mechanism of optical excitation": from the windshield of the automobile needed to reach the place, to the disorienting overlay of a television screen with the frame of a window. A video camera captures and records the external view and reproduces it on an internal monitor placed near the large window. Sight can thus be direct or postponed; one can zoom in or move in the image, or go backwards to another time: at night a daytime image can be transmitted, just as a sunny view can be shown on a rainy day, etc. So: what is real and what is virtual? Above all in a holiday house, where one arrives at top speed and then suddenly slows down the pace, trying to get back in touch with the time of nature, also perhaps by means of a rewind.

Altri Casi, Altre Case / Other Cases, Other Houses – Cinque piante / Five plans

Primo piano/First floor

Ryue Nishizawa
Moriyama House, Tokyo, Japan
2002-2005

4.

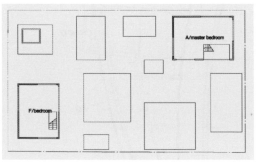

Secondo piano/Second floor

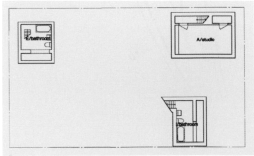

Piano interrato/Basement

Moriyama-San è un personaggio eccentrico, e forse
per questo la sua casa non può avere un "centro",
ma è una sorta di arcipelago architettonico, frammentato
e in apparenza caotico, in cui questo "eremita urbano"
ha deciso di abitare, vivere e lavorare.
Moriyama-San, colleziona, raccoglie e vive con molte
"cose": musica elettronica, cinema sperimentale, letteratura
d'avanguardia, oggetti d'arte, piante comuni e rare, quindi
la sua casa è disegnata come un interessante luogo in cui
custodire e vivere insieme a queste cose e a ospiti con cui
condividerle, in una idea di comunità. Il tutto immerso in una
micro-natura, che intorno alle "scatole" compone un vero
e proprio organismo abitativo, in cui perdersi in pochi passi
ma subito ritrovarsi aumentando il senso di dinamismo.
Una buona parte dei volumi è abitata dal padrone di casa,
mentre gli altri sono affittati, temporaneamente e senza
schemi fissi, a giovani, single, studenti o architetti.
Nishizawa, con questi singoli vani abitativi, minimi nelle
superfici e netti nei volumi, interpreta puntualmente le
esigenze del committente e reinterpreta alla perfezione
alcuni temi della tradizione giapponese: l'integrazione
della architettura con la natura, la capacità di vivere in spazi
minimi (vedi i tipici "capsule hotel") e forse, soprattutto,
il rito delle antiche "stanze del te": luoghi di contemplazione
in cui l'abitare non è mai fine a se stesso.

Moriyama-San is an eccentric personality, and perhaps this
is why his house cannot have a "centre", but becomes a sort
of architectural archipelago, fragmented, apparently chaotic,
in which this "urban hermit" decides to live and work.
Moriyama-San is a collector. He gathers and lives with
many "things": electronic music, experimental cinema,
avant-garde literature, art objects, common and rare plants.
So his house is designed as an interesting place in which to
store and enjoy these things, where guests are invited to share
in that enjoyment, with an idea of community. All immersed
in a micro-nature, which around the "boxes" forms a true
residential organism, in which to get lost after just a few steps,
immediately finding your way again, augmenting the sense
of dynamism. A large portion of the volumes is occupied
by the owner, while the others are rented, temporarily,
without fixed programmes, to young people, singles, students
or architects. Nishizawa, with these single living spaces,
minimum in area and precise in volume, painstakingly
interprets the needs of the client and perfectly reinterprets
several themes of the Japanese tradition: the interface
of architecture and nature, the ability to live in minimum
spaces (see the typical "capsule hotels"), and above all,
perhaps, the ritual of the antique "tea rooms": places of
meditation where living is never an end in itself.

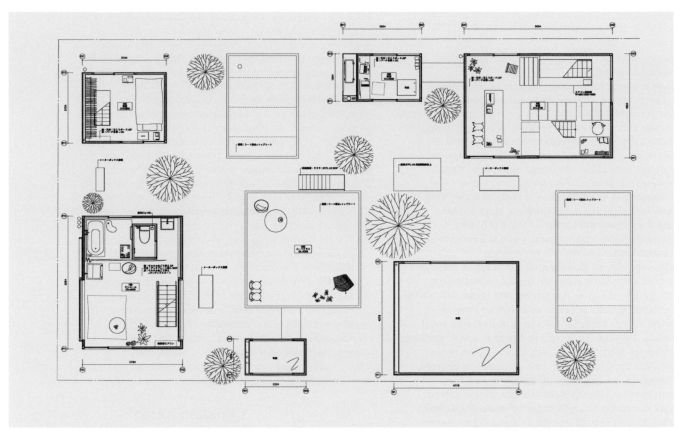

Primo piano/First floor

Pianterreno/Ground floor

Altri Casi, Altre Case / Other Cases, Other Houses – Cinque piante / Five plans

If for every architect structure is fundamental, for Kerez it is the founding factor.

The challenge is to use a single wall (internal) for the entire work of architecture, dividing the space lengthwise into two independent portions. But the wall is not a banal straight line ("It took thousands of years to design a completely straight wall", Sottsass would have said), so in the pursuit of the spatial potential granted by a "simple" wall, the planimetric profile is different for each level. Technically, because in this way the support is more solid and the various staggered "folds" help to reinforce the structure; spatially, because the convex-concave principle offers different spaces on the two sides – alternating and exchanged – for different purposes. This single wall thus becomes a backbone of fair-face reinforced concrete. An archetypal and anarchic fossil that outlines a lightning bolt, and becomes a partition. From the outside the building is like a "crystal-shaped" crystal volume, in the sense of both form and material. The facades are totally in glass, displaying the horizontal floors, and the vertical signs of the internal reinforced concrete wall – upright partitions that arrive directly at the short sides of the perimeter (one of which corresponds to the entrance facade on the street) – suggest the traditional structures of Swiss chalets, whose walls of logs intersect with the perimeter, marking and forming the elevation in constructive terms.

Se per ogni architetto la struttura è fondamentale, per Kerez è fondativa.

La sfida è quella di utilizzare un solo muro (interno) per tutta l'architettura, che divide lo spazio longitudinalmente in due porzioni indipendenti. Ma il muro non è una banale linea retta ("Ci sono volute migliaia di anni per disegnare un muro tutto diritto" direbbe Sottsass) e allora alla scoperta della potenzialità spaziale di una divisione data da un "semplice" muro, per ogni piano il profilo planimetrico è diverso. Tecnicamente perché così il sostegno è più solido e le varie "pieghe" sfalsate aiutano la resistenza della struttura; spazialmente perché il principio del concavo-convesso offre da un lato e dall'altro diversi spazi – che si intervallano e si scambiano – per diverse pertinenze.

Questo unico muro diventa quindi una spina dorsale di cemento armato a vista. Un fossile archetipico e anarchico che disegna una saetta, che diventa un setto. Dall'esterno la casa si presenta come un volume "a cristallo" e di cristallo, nel senso della forma e del materiale. Totalmente vetrate le facciate, con in evidenza i marcapiani orizzontali, e i segni verticali del muro di cemento armato interno, setti verticali che arrivano direttamente sui due lati corti del perimetro (uno dei quali in corrispondenza della facciata d'ingresso su strada), ricordano le tradizionali strutture degli chalet svizzeri, in cui i setti di tronchi di legno si intersecano con il muro perimetrale, segnando e disegnando costruttivamente il prospetto.

Christian Kerez
House with one wall, Zurich, Switzerland
2004-2007

5.

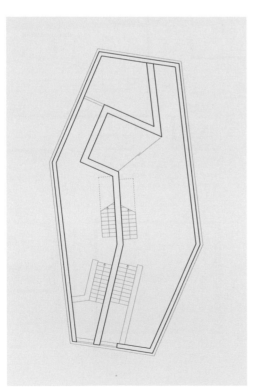

Piano interrato/Basement

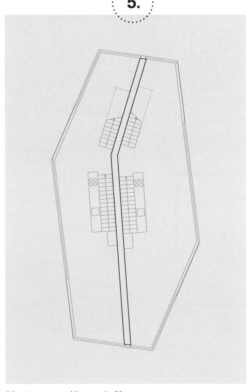

Pianterreno/Ground floor

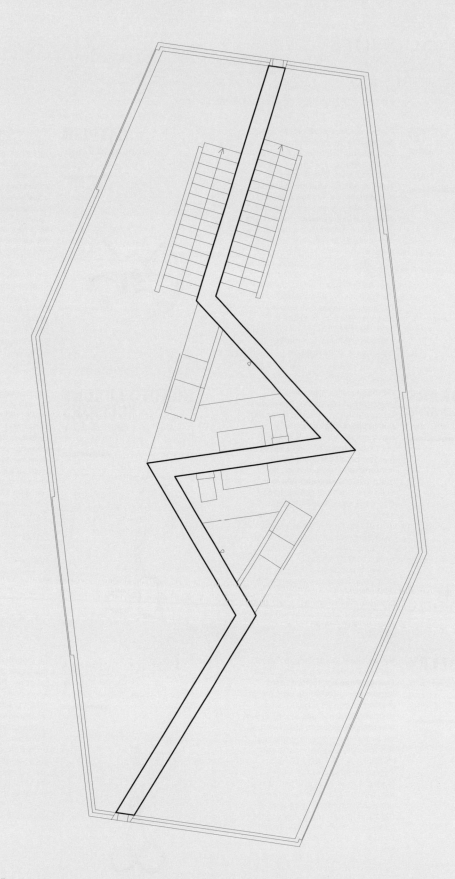

Primo piano / First floor

I — 188. **Brevi Note**/Short Notes
Forbici / Scissors

testi e disegni di/texts and drawings by
Giulio Iacchetti

NETO
Antonia Campi
1958, *Ermenegildo Collini*
(2012, *PHI*)

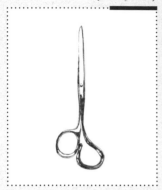

Forbici realizzate tramite forgiatura dell'acciaio: questo consente di ottenere lame tanto lunghe e sottili da permettere una linea di taglio costante. Inizialmente prodotte in Italia, quindi negli anni Ottanta in Germania da Teunen & Teunen/Klein & More, e oggi dagli svizzeri di PHI. Le impugnature, dal disegno organico e asimmetrico, forniscono una comoda presa./Forged steel scissors: this makes it possible to have blades that are long and slim enough to permit a constant cut line. At first produced in Italy, in the Eighties have been produced by German Teunen & Teunen/Klein & More, now produced by Swiss PHI. The grips with their organic asymmetrical design add remarkable comfort.
•••

CLASSIC FISKARS
Olof Bäckström
1967, *Fiskars*

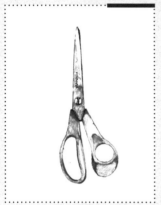

L'impugnatura estremamente ergonomica realizzata in materiale termoplastico, con fori differenziati per ospitare rispettivamente il pollice da una parte e indice, medio e anulare dall'altra, rende queste forbici particolarmente confortevoli. L'introduzione del materiale plastico segnata da Fiskars ha fatto di queste forbici uno degli oggetti più imitati di sempre./The extremely ergonomic grip in thermoplastic material, with differentiated openings for the thumb on one side and the index, middle and ring fingers on the other, makes this pair of scissors particularly comfortable. The introduction of plastic material by Fiskars has made these scissors one of the most imitated objects in the world.
•••

ALLEX
Tokuji Watanabe
1973, *Hayashi Cutlery Company*

Vincitrici del Good Design Award nel 1974, e del Long Selling Good Design Prize nel 1990, queste leggerissime forbici da ufficio sono realizzate tramite il taglio al laser di sottili lamine di acciaio. Gli anelli in materiale morbido che rivestono gli interni delle due impugnature rendono più confortevole la presa./Winner of the Good Design Award in 1974 and the Long Selling Good Design Prize in 1990, these very light office scissors are made with thin laser-cut steel blades. The soft inner rings of the two grips make them comfortable to use.
•••

CATFISH
Francesco Filippi
1991, *Oniris*

In questo progetto l'architettura classica delle forbici è totalmente stravolta: due elementi uguali in acciaio imbutito concorrono a creare una forma circolare che rende queste forbici perfettamente impugnabili sia da destrimani che da mancini. Nel 1992 la forbice "Catfish" è stata esposta al Design Museum di Londra e al Deutsches Klingenmuseum di Solingen./In this design the classic architecture of scissors gets completely disrupted: two equal parts in drawn steel combine to create a circular form that provides a perfect grip for left and right-handed users. In 1992 the "Catfish" model was shown at the Design Museum of London and the Deutsches Klingenmuseum of Solingen.
•••

KOKUYO LUXURY SCISSORS
1991, *Kokuyo*

Nonostante le ridotte dimensioni questo piccolo paio di forbici risulta essere particolarmente confortevole grazie alle prese differenti con interno rivestito in gomma. L'utilizzo è facilitato dal disegno asimmetrico delle due parti che le compongono, e dalla linea di taglio parallela al piano./In spite of the small size, this little pair of scissors is particularly comfortable thanks to the grip rings covered with rubber on the inside. Use is facilitated by the asymmetrical design of the two parts, and the cutting line parallel to the worktop.
•••

Forbici/Scissors
Philippe Starck
1998, *Seven Eleven*

La singolarità di queste forbici è costituita da una doppia cerniera: un perno fisso e un secondo scorrevole all'interno di una feritoia. Tale soluzione permette un movimento traslatorio di una lama sull'altra che facilita l'inizio dell'operazione di taglio./The unique feature of these scissors is the double hinge: a fixed pivot and another one that slides inside an opening. The solution permits a sliding movement of one blade over the other that facilitates the start of the cutting operation.
•••

Forbici/Scissors
Philippe Starck
2002, Target

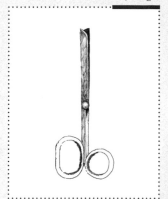

Forbici ottenute mediante il taglio laser di una lastra di acciaio. I due anelli, di diversa dimensione, sono realizzati interamente in gomma, così da assicurare un'impugnatura morbida e comoda./Scissors made with laser-cut steel plate. The two rings of different sizes are entirely in rubber, to provide a soft, comfortable grip.
•••

Forbici/Scissors
Hisakazu Shimizu
2015, Kokuyo

La sagomatura a lamelle della gomma che riveste l'interno dei due anelli di presa non solo si integra perfettamente con le parti in acciaio, ma per la sua cedevolezza rende particolarmente confortevole l'uso delle forbici, adattandosi in modo unico alle dita dell'utilizzatore./The ribbed shaping of the rubber covering the inside of the two grip rings perfectly matches the steel parts. Its yielding consistency makes use particularly comfortable, as the grips adapt to the fingers of the user.
•••

ANYTHING
Michael Sodeau
2008, Suikosha

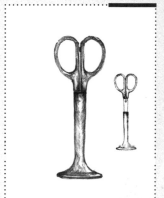

Il progetto di questo oggetto da ufficio si completa con un'apposita custodia *self-standing*: in questo modo non solo si proteggono le lame ma, grazie allo sviluppo verticale, si rendono le forbici immediatamente rintracciabili sul piano di lavoro./The design of this object for the office is completed with a special self-standing case: it protects the blades, and thanks to the vertical position it makes the scissors easy to find on a desktop.
•••

SPRING SCISSORS
Lex Pott
2015, Nomess Copenhagen

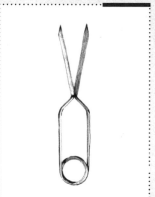

In queste forbici la forza motrice, la mano che le impugna, è tra il fulcro e la forza resistente, ovvero l'oggetto da tagliare: si tratta quindi di una leva di terzo genere. Sono realizzate tramite la piegatura di un unico tondino in acciaio, le cui estremità, opportunamente lavorate, costituiscono le lame delle forbici./In these scissors the input force, the hand that grips them, is between the fulcrum and the output force, namely the object to be cut, thus making this a third class lever. They are made by bending a single steel rod whose ends are crafted to become the blades.
•••

TWIST
Aldo Rado
2014, Premax

Realizzate in acciaio inossidabile AISI 420 tranciato e satinato, sono contraddistinte dall'utilizzo di un innovativo sistema di assemblaggio delle due lame, ovvero un perno forato caratterizzato dall'introduzione di una rondella di teflon, in grado di eliminare per sempre il problema dell'allentamento della vite e il conseguente mal funzionamento delle lame./Made in sheered satin-finish AISI 420 stainless steel, these scissors stand out for the innovative assembly system of the two blades, featuring a perforated pivot with a Teflon washer that eliminates the problem of loosening of the bolt, resulting in poor cutting performance, once and for all.
•••

LAMA
Alessandro Stabile
2016, Internoitaliano

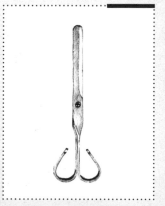

Le forbici "Lama" nascono da due piattine sovrapposte in acciaio inox che subiscono una torsione, da orizzontale a verticale, e una semplice curvatura per realizzare gli anelli dell'impugnatura. Due metà sostanzialmente identiche che, grazie a un semplice gesto, si ritrovano a combaciare perfettamente, unite da un perno./The "Lama" scissors are the result of two overlaid stainless steel plates, twisted from horizontal to vertical, and simple curving to make the grip rings. Two substantially identical halves that fit together perfectly thanks to a simple gesture, joined by a pivot.
•••

I — 189. **Nuovi Maestri**/New Masters

Martin "Szekely

di/by **Marco Romanelli**

Marco Romanelli Ci siamo conosciuti al Salone del Mobile di Milano nel 1987. Ti aggiravi con aria sperduta, sembrando ancor più giovane della tua reale età, assieme a un signore piccolo e corpulento dalla lunga barba bianca (allora le barbe non si usavano affatto), che camminava a piedi nudi: un abitante dei boschi caduto per caso in una manifestazione internazionale?

Martin Szekely Non essere mai là dove è scontato trovarsi; stare in compagnia di persone semplici o differenti; essere pronti a deludere le aspettative scontate. Questo atteggiamento, peraltro non calcolato, ha rappresentato in tutti questi anni la garanzia della mia indipendenza di spirito e di azione.

MR Mi pare necessario citare anche un altro personaggio, il primo che ha avuto per te, e per il design francese, un ruolo molto importante. Mi riferisco a Pierre Staudenmeyer. Nel 1984 la sua Galerie Néotù, per noi che cercavamo un rapporto con l'industria, appariva come un posto folle.

MSz Come sai, Pierre Staudenmeyer era un erudito, appassionato di matematica come di psicoanalisi. Conosceva la storia dell'arte e possedeva una rara capacità di sintesi. Era solito commentare il mio lavoro mentre io, muto, lo ascoltavo. Ho imparato moltissimo da lui, su me stesso e su quello che allora andavo facendo in maniera più intuitiva che meditata. In Francia, in quel periodo, la situazione era veramente molto diversa dall'Italia. Pierre Staudenmeyer e Gérard Dalmon avevano creato la Galerie Néotù proprio per reagire all'assoluta mancanza di interesse per il design da parte dell'industria del mobile. Si faceva tutto da soli, proseguendo una tradizione molto francese di mobili realizzati in un unico esemplare o in serie limitata: in fondo Émile-Jacques Ruhlmann, Jean-Michel Frank, Louis Süe e André Mare e molti altri ci avevano preceduto. Sarebbe invece interessante capire perché il rapporto con l'industria ti sembra così importante: perché un progetto come quello della Galerie Néotù, oggi modello diffuso, era sembrato, a voi intellettuali italiani, "folle"?

MR L'industria, per noi che ci eravamo formati negli anni Settanta leggendo Argan e Paci, significava la reale possibilità che il progetto arrivasse a tutti. Un'utopia che vedeva nel messaggio estetico una possibilità etica. Eravamo meno liberi di voi? Forse il problema stava nel fatto che coloro che avevano preceduto la mia generazione non erano ebanisti, ma grandi architetti. Il design in Italia non era nato dalle arti decorative, ma dall'architettura, con Ponti, Albini, Mollino, Scarpa. La questione del lusso era già stata affrontata tra le due guerre mondiali e, dal momento della ricostruzione in poi, non interessava più a nessuno. Tornerà solamente dopo la fine del minimalismo, all'inizio di un nuovo millennio, e di una nuova storia.

Pi lounge chair / 1983,
VIA / Galerie Néotù

MSz Rimanendo in Francia sarebbe però sbagliato ridurre tutto a quel che succedeva nella Galerie Néotù. In realtà, seguendo il modello di Raymond Loewy (che era di origine francese), personaggi come Roger Tallon, Pierre Paulin e altri hanno dedicato tutta la loro vita all'industria. Basti ricordare la SNCF (Société Nationale des Chemins de fer Français, per i treni), Allibert (arredi da esterno di plastica) o SEB (elettrodomestici). Anche per noi, molto più giovani, l'industria è stata il mezzo per far esistere il nostro lavoro su grande scala e, per Philippe Starck, in Italia, grazie alle imprese del mobile, è stata soprattutto il mezzo per imporsi come una star. Parlando invece di architetti, non bisogna dimenticare che, in Francia come in Italia, esisteva una tradizione di mobili progettati. Basti citare Charlotte Perriand, Le Corbusier, Eileen Gray, Robert Mallet-Stevens, Pierre Chareau, Jean Prouvé e molti altri ancora. Certo, sono tutti nomi che si iscrivono piuttosto nel Movimento Moderno, internazionale per sua natura, e non in una tradizione specificamente francese. Bisogna poi notare che ancora oggi, come in passato, gli architetti celebri concepiscono autonomamente i pezzi di cui hanno bisogno per i loro progetti. E questo vale indifferentemente per SANAA, Herzog & de Meuron, Jean Nouvel, Peter Zumthor, Dominique Perrault, Renzo Piano o Zaha Hadid. Per quanto mi riguarda, come sai bene, ho lavorato fin dal 1987 per l'industria: da Swarovski (in Austria) a JCDecaux (arredo urbano), da Legrand (interruttori, prese elettriche, blocchi di illuminazione e segnalazioni di sicurezza) a Perrier e Heineken (per i bicchieri), da Christofle (posate in acciaio inox) a Roger&Gallet (il flacone dell'Eau de Cologne), da Canal Satellite (decoder multimediale) a MK2 (poltrone da cinema) a Parrot (cornice digitale) e infine, molto più recentemente, nel 2015, per Alaïa, ho realizzato una collezione di bottiglie da profumo.

MR Ai tuoi esordi disegnavi cose affilate, in linea di massima nere. Sperimentavi il carbonio e un linguaggio che sembrava muoversi tra la scultura e un alfabeto misterioso (tra l'altro hai lavorato come tipografo e successivamente hai progettato una collezione che si chiamava "Initiales"). Nella Milano che era da poco caduta preda dei post modernisti mi sembrasti un alieno (nel ricordo hai persino le orecchie a punta come l'intrepido comandante di Star Trek!). Da dove venivano quelle forme?

MSz In quel periodo cercavo semplicemente di esistere come individuo e di giungere a un'espressione personale. Ero interessato alla storia dell'arte, alla tipografia, al Giappone e a un sacco di altre cose, persino al movimento Punk da cui probabilmente discendono quelle "cose affilate e nere" di cui parli.

MR Quasi subito mi hai raccontato di avere un padre scultore, molto conosciuto in Francia. Ho colto nella tua voce l'accenno a un'eredità pesante. C'è una parte del tuo passato remoto che può aiutarci a capire meglio te e le tue scelte, di allora e di oggi?

MSz Ecco che affrontiamo il romanzo familiare, quel bagaglio che, per ciascuno di noi, contiene il meglio e il peggio. Per me il meglio ha consistito, senza dubbio alcuno, nel fatto che i miei, entrambi artisti troppo presi dalla loro arte, mi hanno lasciato libero. Quando ero bambino abitavamo in campagna: gli amici dei miei genitori erano intellettuali e i genitori dei miei amici coltivatori! In quel periodo ho sviluppato una forte propensione per il paesaggio e la sua capacità di evocare nell'animo una sensazione di pienezza. Da qui discende il mio interesse per i "luoghi comuni" che, per definizione, conciliano tutti gli uomini.

MR L'origine della tua famiglia non è francese, ma ungherese. Questo ha avuto, o ha ancora, un significato? Esistevano dei precisi presupposti politici alla venuta dei tuoi genitori in Francia?

MSz I miei genitori sono fuggiti dall'Ungheria alla fine della seconda guerra mondiale. Intuivano che la libertà sarebbe stata ben presto limitata e, in quanto giovani artisti, questo risultava loro insopportabile. Ecco la ragione principale che li ha spinti a emigrare in Francia, paese che, allora, era visto come il luogo della libertà.

MR I tuoi studi comprendono esperienze dirette nel campo del "fare". Se non sbaglio ti sei applicato anche al restauro e all'ebanisteria. Questa componente ha avuto un influsso nella tua "seconda" vita progettuale, diciamo quella alla Ruhlmann (considerando, cioè, come una prima vita progettuale i segni grafici della collezione "Pi")?

MSz Il mio lavoro ha senz'altro subito un'evoluzione. Possiamo considerare che vi siano stati alcuni periodi che si sono succeduti e sommati. Il lavoro manuale, quello veramente del "fare", è senz'altro una componente della fase attuale: anche se non prendo più parte alla realizzazione dei miei pezzi, ne conosco i processi e il vocabolario. I miei genitori usavano le mani e, come ti ho detto prima, ho passato l'infanzia in campagna, circondato da gente che lavorava contemporaneamente con il corpo, con le mani e con la testa. Da questo rapporto iniziale con la materia e le sue trasformazioni deriva probabilmente la mia attitudine alla costruzione.

MR Cominciammo a frequentarci anche a causa di un imprevedibile rapporto Milano-Parigi creato da Bruno e Jacqueline Danese, che, lasciata la Danese avevano creato nel 1991 un'associazione per discutere della situazione del design. Nel frattempo, nel marzo 1993, era uscito un mio lungo articolo su di te in "Domus" (articolo, non so se te l'ho mai confessato, fortemente contestato da una parte della redazione e, alla fine della mia battaglia, personalmente accettato da Mario Bellini). Si raccontava di un modo di fare design completamente diverso da quello italiano allora in auge.

MSz Ti sono grato di esserti avvicinato al mio lavoro ancora balbuziente e di averlo difeso in quell'articolo così importante. Oggi però, probabilmente, io stesso farei parte dello schieramento contrario! Scherzi a parte, guardo ai miei lavori di quel periodo con un misto di affetto e critica. Potrei dirti che gli inizi sono stati in realtà un perdersi nell'idea di creazione che vedevo applicata intorno a me, dagli artisti del mio ambiente. Mi ci è voluto un sacco di tempo per trovarmi in sintonia con quanto dovevo veramente fare. In questo senso sono sempre stato impressionato dalla maturità dimostrata da Jasper Morrison fin dalle sue prime mosse professionali. E che, da allora, non ha mai derogato alla sua linea di condotta. Mentre io ho dovuto tracciare una lunga parabola prima di entrare nel solco che, dalla fine degli anni Novanta, mi appartiene.

MR Hai citato alcuni artisti del tuo milieu a cui avresti guardato in questo primo periodo "indeciso". Puoi fare dei nomi? Personalmente non mi riesce così facile capire di chi si tratti e comunque ho l'impressione che tu abbia un giudizio troppo critico di questa tua prima fase che, vista invece dall'esterno, ha una forza e un'autonomia veramente notevoli.

MSz Non è il caso di fare dei nomi in particolare. Mi sento molto distante dall'atteggiamento dell'artista "creatore" e, viceversa, vicino all'approccio di un ricercatore scientifico, qualcuno che raccoglie dati, classifica, confronta e sperimenta attraverso la ripetizione, mette in relazione dei fatti e, in rarissime occasioni, dopo aver prodotto una sintesi, riesce a scoprire qualche cosa di significativo. Per quanto riguarda il mio lavoro del passato, il punto fondamentale non è capire come io stesso lo consideri, ma piuttosto prendere coscienza che è parte integrante di quello che sono e di quello che faccio oggi.

MR Ricordo in particolare una peculiarità del tuo operare, che, quindici anni dopo, si è trasformata in uno degli assi portanti del design del nuovo millennio, ovvero il disegnare pezzi unici all'interno di case particolarmente sofisticate. Un atteggiamento che allora capivamo poco, che rompeva sia con i residui dell'idea di design come movimento democratico destinato alle masse, sia con l'idea, altrettanto fondante in Italia, dell'architettura degli interni come configurazione generale di uno spazio.

MSz L'attenzione alle ideologie dominanti non ha mai condizionato il mio lavoro, né per quanto concerne le mie ricerche personali, né rispetto alla collaborazione con l'industria. Inserire un mio pezzo in un interno sofisticato è ancora oggi l'unico modo per consentire alle mie sperimentazioni, che richiedono un investimento notevole, di esistere. Comunque il mio lavoro non si basa certo sull'idea di dare la felicità a tutti. La morale che si ritiene parte della "cultura del design" è legata alla legittimità dello strumento industriale e a una sua presunta destinazione democratica: una morale impacchettata e pronta per l'uso. Non credi? Oggi si impongono nuovi dogmi, l'ecologia e l'ambiente... il mio operare, la sua etica o la sua motivazione, trovano giustificazione all'interno del lavoro in se stesso. Non cerco legittimazioni esterne.

MR Mi sembra tuttavia che i tuoi progetti, soprattutto quelli post 1996, "obblighino" il fruitore a "guardare" e quindi si pongano come strumenti di "educazione visiva".

ARTEFACT / 2013,
MSZ / BLONDEAU & CIE

Photo: © Fabrice Gousset

Vista da sotto
/Bottom view

Nuovi Maestri / New Masters

Chiedono di raggiungere un certo grado di consapevolezza.
MSz Ogni tipo di appropriazione dei miei progetti è per me, in qualche modo, motivo di soddisfazione. A volte ascolto commenti e giudizi molto lontani da quelle che erano le mie intenzioni, ma li considero comunque manifestazioni di interesse e mi sento arricchito. Nella realtà però si verifica il contrario di quanto tu affermi: quando le persone entrano in contatto con uno dei miei pezzi, ovvero quando i pezzi sono "in uso", è come se non si facessero notare, come se lo sguardo scivolasse su di essi. Ad esempio se una libreria da me progettata è piena di libri, si coglieranno con chiarezza solo i libri. Viceversa, e qui condivido la tua osservazione, quando questi stessi pezzi si trovano "in esposizione" si trasformano in oggetti di contemplazione e quindi di riflessione: ci si concentra esclusivamente su di essi, ed è esattamente ciò che ci si aspetta in una mostra.
MR Mi rimane un altro dubbio, che non è certo di matrice morale ma "da progettista", rispetto alla possibilità di controllo dello spazio in cui il tuo pezzo andrà a inserirsi: non ti sembrerebbe necessario condividere l'architettura (se non addirittura averla progettata) e anche, in un certo senso, l'ideale di vita che essa incarna, per poter inserire un pezzo in un ambiente? Diverso è il caso di un cliente che vada in una galleria e compri un tuo progetto, assumendosi interamente la "responsabilità" del rapporto con il contesto in cui lo inserirà. In realtà il tuo lavoro, allora e in parte anche ora, è un lavoro "in situ".
MSz Come dici giustamente esistono due situazioni distinte, che pratico entrambe da tempo. Da un lato, un lavoro che andrà a inscriversi in un ambiente conosciuto e di cui sono tenuto a considerare le inclinazioni dei proprietari. Chiamo questo tipo di situazioni "lavori attenzionali", dove l'attenzione è dedicata tanto allo spazio quanto a chi ci vive. Dall'altro lato c'è il caso opposto, ovvero un lavoro che non deve tenere in conto i dati ambientali e personali, ma considerare solo lo stato delle mie ricerche al momento della realizzazione. Si tratta del lavoro che presento nelle esposizioni, in gallerie o in musei, come è successo nel 2011 al Centre Pompidou e più recentemente a New York, presso la galleria Salon 94, a Ginevra, presso Blondeau & Cie, a Bruxelles, alla galleria Pierre Marie Giraud, attualmente in una presentazione privata a Parigi e per primavera 2018 al MADD di Bordeaux.
MR Un'altra cosa mi colpì particolarmente nei nostri incontri parigini (tu tendevi a venire meno a Milano, e continui a farlo; mi sembra che tu sia uno dei pochi designer d'oltralpe che non ha sentito alcun fascinazione per il nostro comparto industriale): il continuo riferimento al mondo della letteratura (e in parte dell'arte), e molto meno ai dibattiti sul design, e ai personaggi che in quel momento si facevano una vera guerra ideologica.
MSz L'industria è semplicemente una possibilità come le altre, come l'artigianato. Lavoro regolarmente per l'industria tramite multinazionali: è il modo di verificare la mia capacità di essere in sintonia con un certo tempo. L'oggetto prodotto industrialmente deve infatti essere assimilato immediatamente dalla maggioranza delle persone

(senza necessariamente venire decriptato o compreso), altrimenti si trasforma in un insuccesso commerciale e non ci saranno ulteriori possibilità di giudizio. L'industria è in qualche modo il contraltare del mio lavoro di ricerca, quello che conduco in solitudine e per il quale non mi aspetto nulla da un ipotetico pubblico. Nel periodo di cui parli, alla fine degli anni Ottanta, leggevo Thomas Bernhard, scrittore che ha la capacità di analizzare un tema affrontandolo da una molteplicità di punti di vista, come si potrebbe fare oggi con uno scanner. Da lì viene forse il mio desiderio di esaurire un argomento: penso ad esempio ai numerosi tavoli che ho realizzato. L'ultimo tavolo si somma a tutti gli altri per formare un corpus capace di mettere in prospettiva tutti i tavoli progettati da me come da chiunque altro, in qualsiasi epoca storica. Quanto alle guerre ideologiche, come avrai capito, non mi riguardano proprio. Mi interessa maggiormente occuparmi a dare vita e coerenza al mio lavoro.
MR Non cercavi legami con i giovani designer francesi (*les petits enfants* di Starck), ma nemmeno con i primi minimalisti che arrivavano sulla scena, e che io immediatamente cercavo di attirare nella mia orbita e in quella di "Domus" che allora si poneva come baluardo della lotta al Post Modern.
MSz È questa forse l'occasione per dirti che l'unico designer con cui ho cercato di entrare in contatto, invano, è stato Jasper Morrison. Lo ammiro, anche se i nostri rispettivi lavori paiono molto distanti.
MR Questo rispetto per il lavoro di Jasper era presente già nel tuo periodo "massimalista" o nasce solo con il volgere del secolo? Possiamo considerarlo uno dei motivi del tuo cambiamento? Non ti sembra però che sussistano delle fortissime differenze rispetto al ruolo che tu e lui affidate ai vostri progetti? Ho l'impressione che Jasper mantenga un ideale di "design per tutti" che non rientra tra le tue priorità. Si tratta quindi più di una fascinazione formale?
MSz L'interesse che si ha per un'opera o per un autore non comporta necessariamente l'appropriazione o l'imitazione. Un punto di chiaro distacco rispetto a Jasper Morrison, e ad altri, è che non ho mai sentito di avere una propensione messianica (progettare per un mondo migliore e per la felicità di tutti). Certo, a differenza di molti, lui ha da subito impostato il suo lavoro su una base etica. Ci ha ricordato la potenza delle cose semplici, analogamente a quanto aveva già fatto negli anni Trenta Yanagi Sōetsu descrivendo una ciotola per il riso: "Sarebbe difficile sostenere che questa ciotola manchi di sane caratteristiche, semplicemente perché è una banalissima ciotola da riso. Di certo non è stata realizzata per stupire con effetti di dettaglio, non siamo tenuti a nascondere quel minimo fastidio dovuto alla presenza di qualche sofisticazione tecnica. Nessuna teoria del bello l'ha ispirata, non rischia quindi di essere viziata da un eccessivo stato di coscienza. Niente giustificherebbe il riportare il nome del suo creatore. Non è nata da alcuna ideologia trionfante né può divenire lo strumento di un qualche sentimentalismo. Non è nata da una eccitazione mentale e non nasconde pertanto nessun seme di perversione. Creata con uno scopo semplice, evita la fanfara e il colore. Ma dunque infine come può una ciotola così ordinaria essere bella? Semplicemente

il risultato inevitabile di questa 'ordinarietà' è la bellezza"
(da Yanagi Sōetsu, *The Unknown Craftsman: A Japanese
Insight into Beauty*, Kodansha America, 2013).
Yanagi Sōetsu non parla forse in questo brano di una
bellezza condivisa al di fuori di ogni preoccupazione
formale o stilistica? Proprio su questo terreno sento
di condividere qualcosa con Jasper Morrison.
MR Non vuoi commentare la situazione francese di quegli
anni? In particolare rispetto alla figura di Starck?
MSz Philippe Starck si è impegnato per ottenere un certo
tipo di riconoscimento e l'ha fatto proponendo proclami
tanto altisonanti quanto opportunistici. Quello che ne
rimane alle giovani generazioni è soprattutto l'idea del
successo mediatico. Bisognerebbe chiedersi: fino a che
punto le sue realizzazioni e il suo talento hanno sofferto
per quest'atteggiamento? Devo poi farti notare che
anche Philippe Starck si impegna
per la felicità collettiva! In un certo
senso, tirando in ballo nel pianeta
design da un lato Jasper Morrison e
dall'altro Philippe Starck, potremmo
dire che stiamo esaminando i due
poli opposti. Design è una parola
ricca di sfumature, di significati,
di segni, di disegno e di progetto,
ma, al contrario, nel senso comune
condiviso, ha un significato restrittivo
e connotato: evoca, il più delle volte,
un atteggiamento positivista rivolto
alla costruzione di un mondo migliore.
Per quanto mi concerne, il mio lavoro si
limita a verificare lo stato attuale delle
cose in un ambito ben circoscritto:
quello dell'uso dei materiali e delle
strutture alla scala dell'arredo.
MR Alla fine degli anni Ottanta
sembravi guardare alla scultura
africana da un lato (come Brancusi?),
ai mobili alpini e contadini dall'altro
(come Charlotte Perriand?).
MSz Già in quel periodo la mia
attenzione andava ai "luoghi comuni"
che sottendono la nostra cultura
e il nostro legame con le necessità
pratiche e simboliche così ben espresse nel folklore e
nell'arte primitiva. Che si parli della scultura africana o del
mobile contadino, si tratta nei due casi di necessità, la prima
essenzialmente simbolica, la seconda piuttosto utilitaristica.
MR Ha sottolineato giustamente Christine Colin, nel 1993,
che uno dei tuoi problemi sembrava essere "come poggiare
gli oggetti al suolo". Effettivamente mi pare una questione
molto pertinente: dai piedi assenti nel divano "Stoléru",
all'equilibrio instabile del vaso "Nord", ai riccioli dello
sgabello "Bobine".
MSz Questi temi e molti altri hanno, in effetti, nutrito il mio
pensiero, ma oggi, dopo più di vent'anni, mi riesce difficile
tornare indietro e commentarli.

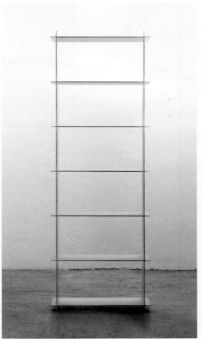

Heroic Shelves 365/2009,
Galerie Kreo/MSZ

Photo: © Fabrice Gousset

MR Non riesci o non vuoi? Eppure è un tema straordinario,
di cui pochissimi si sono accorti, tutti presi a disegnare
la parte "alta" e più visibile di un oggetto, dimenticandone
il radicamento a terra. In fondo torni sulla questione
in un progetto importante e di svolta come "des Plats"
per il CIRVA: come si posa un piatto su un piano?
Come si posa del cibo dentro un piatto? "Isolare il cibo
dal suolo"… oppure quando dici che i mobili sono per te
"dei supporti, dei basamenti".
MSz Ma sì, forse hai ragione, quelle prime domande che
mi ponevo sul rapporto tra i miei pezzi e il suolo sono
probabilmente da mettere in relazione con i miei interrogativi
più recenti riguardo all'esistenza stessa dei mobili tra di noi:
perché i mobili? Mettersi in qualche misura in una situazione
"preistorica" per quanto concerne il design, implica una
riflessione sui primi bisogni legati alla nostra condizione
di uomini. Il mobile è allora il trait
d'union ideale tra intelletto, arte e lavoro.
Inoltre, per il suo carattere umile e la
sua presenza sistematica, è anche un
indicatore privilegiato delle caratteristiche
della nostra vita quotidiana. In questa
accezione rivolgo la mia attenzione a
tutte le tipologie del mobilio, ma il tavolo
è senz'altro l'elemento che ho affrontato
più frequentemente. Il tavolo rimane
parallelo al suolo che lo supporta, è un
frammento di terreno, un minuscolo
territorio, semplicemente un piano
orizzontale. L'uso che facciamo del tavolo
in Occidente si può quindi riassumere
in un oggetto che ci separa dal suolo:
un tappeto, una stuoia, una tovaglia,
un'asse di legno. Il tavolo insomma
ci protegge dal terreno. È una tipologia
a cavallo tra la terra, gli uomini e
l'architettura. Costruttivamente propone
delle similitudini con le strutture calcolate
dagli ingegneri per la scala dell'architettura.
Un tavolo instabile infatti, esattamente
come una costruzione instabile, non è
vivibile. L'uso del tavolo è multiplo.
I commensali cenano sul suo perimetro,
ma, restato solo, sarà supporto per i
nostri libri o altri oggetti e per altre attività.
MR Nel 1991 hai dichiarato, ancora a Christine Colin,
che il tuo lavoro è "elitario come conseguenza, non
per vocazione" e ancora "è il mercato a determinare
la tecnica e il costo di un oggetto e non il contrario".
MSz Entrambi sono pensieri ancora validi, non credi?
Ma forse è arrivato il momento di raccontare un episodio
che ha turbato non pochi benpensanti: sono stato a volte
accusato di non essere impegnato politicamente visto che
non dimostravo alcuna ambizione a lavorare per il grande
pubblico e a prezzi accessibili. Nel 1995 però ho progettato
il bicchiere per Perrier e, per una volta, ho ricevuto
moltissimi complimenti per aver finalmente realizzato

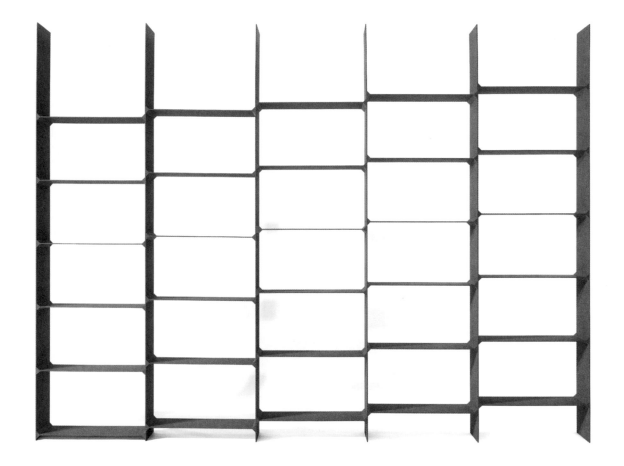

T5, DES ÉTAGÈRES / 2005,
GALERIE KREO / MSZ

Photo: © Fabrice Gousset

un oggetto industriale a un costo accessibile e destinato a tutti. Ho fatto allora venire un gruppo di giornalisti nella fabbrica del nord della Francia per mostrare in che condizioni di lavoro venisse prodotto il bicchiere Perrier. Una prima squadra di operai lavorava dalle 7 del mattino fino alle 3 del pomeriggio, una seconda dalle 3 del pomeriggio alle 11 di notte, e infine una terza dalle 11 di notte fino alle 7 del mattino dopo: così per tutto l'anno. Gli operai si muovevano in un ambiente assordante (nonostante i tappi nelle orecchie!) e circondati dalla sporcizia perché le macchine dovevano essere continuamente ingrassate e tutto era unto e nero. Abbiamo visitato la fabbrica a passo di corsa e ne siamo usciti prima possibile per riprendere il treno e filare via verso la capitale. Credo che si tratti di una storia edificante, capace di dimostrare fino a che punto sia difficile trovare una qualche coerenza quando si affrontano temi morali (o forse politici?). E figurati che eravamo in Francia! Cosa pensare di chi fa realizzare in paesi a basso costo prodotti destinati alle fasce economicamente svantaggiate di compratori europei? Anche questa è industria!

MR Mi interessa molto riesaminare questo tuo progetto del bicchiere per l'acqua Perrier. Un oggetto che è stato prodotto in milioni di pezzi, che molti hanno usato senza sapere nulla di te e che, penso oggi a posteriori, incarna probabilmente le tue due anime (o le tue due "vite"): una forma semplice, troncoconica, pesante e di grandi dimensioni, e sovrapposta a essa una scritta "gotica", appuntita, imprevedibile. Tanto riconoscibile questa, quanto "irriconoscibile" era la sagoma del bicchiere.

MSz Il bicchiere per la Perrier è stato l'oggetto con cui ho preso pienamente coscienza dei limiti del disegno. Credo sia evidente che il bicchiere non è stato disegnato, ma piuttosto pensato in base a dei principi, che più tardi avrei definito delle "pietre miliari", che sono l'analisi della sua storia, della tecnica di realizzazione, della destinazione d'uso, della relazione con la bottiglietta già esistente. L'oggetto emblema della marca Perrier era infatti, fino ad allora, proprio la bottiglietta, riconoscibile tra tutte per la sua forma "a clavetta". All'inizio del Novecento l'autore, che era il proprietario stesso della Perrier, si era chiaramente ispirato a questo attrezzo per la ginnastica ritmica. Appena ricevuto l'incarico per il bicchiere, che era anche il primo per questo marchio, mi sono reso conto che si trattava in realtà di celebrare il matrimonio tra la piccola bottiglia, ormai oggetto storico, e il bicchiere stesso. Che cosa è in fondo un matrimonio se non l'incontro di due entità che condividono lo stesso stato mentale pur senza assomigliarsi fisicamente? Mi sembrava si trattasse esattamente di questo. Allora ho studiato la storia della bottiglia e ne ho analizzato la forma: una base ridotta, ma sufficiente a garantire l'equilibrio, un ventre rotondo per contenere l'acqua frizzante e un collo ristretto per versarla. Ne ho definito quindi il profilo: una base spessa per prevenire i colpi sul tavolino o sul bancone del bar e una forma svasata per offrire l'acqua e facilitare la presa da parte dei fruitori. Dopo venti anni dalla sua entrata in servizio e dopo più di venti milioni di esemplari prodotti, il bicchiere Perrier è regolarmente utilizzato nei

caffè e altrettanto regolarmente rubato dagli avventori!

MR Ricordi che, a questo proposito, proprio da Bruno e Jacqueline Danese nel 1994 facemmo insieme una mostra straordinaria, "Oggetto ambiente", interrogandoci su quale possibilità avesse un singolo oggetto di trasformare l'ambiente che lo circondava. C'erano anche Jasper Morrison e un giovanissimo Konstantin Grcic. Il tema era in realtà molto affine alle tue riflessioni del tempo e invece tu spiazzasti tutti proponendo un'operazione parallela e progettando uno "zoccolo attrezzato". Fu una delle prime manifestazioni di quel "silenzio" che si sarebbe evidenziato più tardi?

MSz Ti devo confessare che non avevo capito un granché riguardo all'intenzione generale di quella mostra e così, forse, il mio progetto non fu completamente pertinente. Ho vissuto quel periodo, che precede l'elaborazione di "Ne plus dessiner" ("Non disegnare più"; tra il 1996 e il 1998), in modo molto tormentato, senza riuscire a comprendere che cosa mi stesse succedendo e come le cose si sarebbero potute evolvere in futuro. È stato solo dopo l'esposizione monografica al Grand-Hornu, in Belgio (da marzo a maggio nel 1998), che mi sono buttato con entusiasmo in quell'avventura che ancora oggi mi appassiona.

MR Se non ti dispiace vorrei restare ancora un momento nel periodo precedente il grande cambiamento, per affrontare l'analisi specifica di alcuni tuoi progetti (che tra l'altro ho molto amato). In particolare mi interessa parlare del progetto di arredo urbano per JCDecaux e della radice esilmente "naturalistica" di certe forme poi da te tradotte in oggetti grandi, complessi e impattanti (citavi allora le ricerche fotografiche di Karl Blossfeldt, ma potremmo anche ricordare le nervature delle grandi cattedrali gotiche).

MSz Effettivamente ho preso spunto dall'architettura gotica così come ho elaborato la metafora del "piantare" arredi nel centro della città. Da qui deriva un'opzione naturalistica, nel solco di quanto era già stato immaginato nel XIX secolo da Hector Guimard e Victor Horta. Quando, nel 1992, ho affrontato questo incarico di tipo prettamente industriale, ho inteso il progetto come un'emanazione dell'architettura costruita nei centri storici delle città. E, in effetti, durante una recente visita alla cattedrale di Metz, ho potuto rilevare una certa aria di famiglia tra i cestini per la carta straccia che avevo disegnato per JCDecaux e il monumento gotico. Con un altro approccio, gli arredi urbani disegnati da Norman Foster per la stessa azienda si erano posti in linea di rottura con l'ambiente delle città storiche. Un progetto comunque molto riuscito che ha poi purtroppo lasciato il passo a oggetti "soft", molto "design oriented", più adatti a essere utilizzati dagli uomini politici nelle loro comunicazioni elettorali.

MR Arrivando finalmente al momento della tua "folgorazione sulla via di Damasco" vorrei cominciare con alcune domande molto semplici. Innanzitutto, questo cambiamento radicale di linguaggio ha comportato un malessere nei tuoi clienti storici, in tutti coloro che si aspettavano lo Szekely che ormai conoscevano bene? Molto tempo prima avevi dichiarato che progettavi solo come risposta a un preciso incarico: questo tuo cambiamento a 360° ha fatto sì che,

per un certo periodo, tu abbia disegnato solo per te stesso?
Poi, nel momento in cui hai affermato "ne plus dessiner",
era il 1996, non ti sei posto il problema di chi da dieci anni
almeno portava già avanti questa filosofia? Abbiamo citato
Jasper Morrison, ma potremmo ricordare anche Maarten
Van Severen? Non ti sei sentito "in ritardo"? Non hai avuto
paura di perdere il tuo ruolo, la tua riconoscibilità, e quindi
la tua fama? Personalmente ti ricordo perfettamente convinto
e quasi "sorpreso della mia sorpresa" quando mi inviasti,
per valutare una possibile pubblicazione come eravamo
soliti fare da molti anni, qualcosa di assolutamente (se non
eccessivamente) minimale e quindi dissonante con quanto
avevi fatto prima.
MSz La tua riflessione mi fa pensare alla reazione dei fan
di Bob Dylan quando cominciò a suonare una chitarra
elettrica dopo essere stato adulato come cantante folk grazie
alla sua chitarra acustica. Oppure, sul versante opposto, a
quelle schiere di artisti che ripetono fino alla noia le forme
con cui hanno raggiunto il successo. Credi davvero che
i collezionisti possano avere qualche influsso su chi si
propone di realizzare un'opera? Comunque proprio per
questo motivo, come ti ho spiegato, ho scelto di lavorare sia
su incarico (privato o industriale) sia di seguire la mia ricerca
personale. Quanto all'allusione a Saulo, colui che cambierà
persino il suo nome sulla via di Damasco, non credo di aver
mai nella mia vita perseguitato chicchessia, né di essermi
mai convertito a una credenza o a un precetto. Però su una
cosa hai ragione, si tratta di un cambiamento radicale, che
alcuni potranno considerare come uno sviluppo da radici
presenti già nel mio passato. Jasper Morrison e Maarten
Van Severen sarebbero per te all'origine di ogni forma
semplice? Dobbiamo forse ricordare, senza procedere
in ordine cronologico, nel 1927 lo scaffale di Ludwig
Mies van der Rohe, nel 1957 il posacenere cubico di Bruno
Munari, nel 1989 il tavolo "More" di Angelo Mangiarotti,
nel 1926 il dosatore per il tè di Hans Przyrembel, nel 1954
la lampada da terra "1063" di Gino Sarfatti, nel 1926-1928
la casa che Ludwig Wittgenstein progettò per sua sorella,
nel 1964 i mobili di AG Fronzoni, e ancora gli arredi e le
architetture di Luis Barragán, ma anche gli antichi oggetti
giapponesi, gli attrezzi preistorici o l'uovo di struzzo?
E, in altri campi, Kazimir Malevič, Edgard Varèse, Morton
Feldman, John Cage, Donald Judd, John McCracken,
Gustave Flaubert e molti altri? Credo sarebbe meglio capire
che cosa ciascuno porta alla costruzione collettiva piuttosto
che immaginare una guerra di egocentrismi e di date.
MR Citi personaggi e situazioni senz'altro veri e condivisibili:
sono le "radici", è però vero anche che ci sono momenti
storici in cui certe intenzioni e certe aspirazioni si uniscono
a formare dei movimenti e questi movimenti portano
un preciso messaggio, in quel tempo esatto. Credo che
il minimalismo nel design (arrivato vent'anni dopo l'analogo
movimento in arte) sia stato, nella sua reazione al Post
Modern, un movimento chiaramente riconoscibile, con
i suoi eroi e i suoi manifesti (in questo senso citavo Jasper e
Maarten). Forse però sono influenzato in questa mia analisi
dal peso enorme che la lotta al Post Modern ha avuto a

Milano… Era veramente una lotta per potersi esprimere
in un momento in cui "dovevi" disegnare come Sottsass,
Mendini e Branzi… Forse in Francia il decennio tra il 1983
e il 1993 è stato meno feroce che da noi e non ha quindi
richiesto schieramenti così netti.
MSz In effetti in quel momento non mi identificavo con
nessun movimento. Ma poi, in Francia, ne esistevano?
Di sicuro si era creata in alcuni designer della mia
generazione, influenzati dai personaggi italiani che hai
citato, la voglia di considerare il mobile non più come
un bene di consumo, ma come un vero e proprio supporto
alla creazione. In fondo, dato il sistema di produzione
rigorosamente artigianale che ciascuno di noi adottava
con piacere, tutto era allora possibile. I giornalisti parlavano
a quel tempo di "creatori"… Il Minimalismo, movimento
artistico iniziato negli Stati Uniti nei primi anni Sessanta,
affronta, secondo me, nozioni completamente estranee
al mondo del design, cosa che non ha impedito a Donald
Judd di scrivere delle pagine interessantissime sui mobili,
distinguendo chiaramente questa pratica dall'arte, e di ideare
mobili che, per la loro estrema semplicità, saranno destinati
a marchiare alcuni di noi e si iscrivono in una famiglia
di realizzazioni che impiegano semplici assi di legno: penso
a Sophie Taeuber-Arp, Gerrit Rietveld, Rudolph Schindler,
Frederick Kiesler. Il design caratterizzato da forme semplici
appartiene in realtà a una vena storica che costantemente
riemerge in differenti zone geografiche e in differenti epoche.
Ti cito ancora una volta l'arredo tradizionale giapponese,
ma anche i mobili contadini o degli Shaker, tutti
indistintamente dovuti a un'esclusiva risposta alla funzione
e a una economia di mezzi. Sei davvero convinto che
Jasper Morrison e Maarten Van Severen abbiano percorso
il medesimo cammino? Si sono mai incontrati? Maarten
Van Severen aveva una venerazione formale per l'opera
di Donald Judd mentre il lavoro di Jasper Morrison trova
le sue fonti nella storia anonima del mobile e nell'opera
nei maestri del XX secolo. Ciò che li unisce, in sostanza,
è la ricerca di una colta semplicità formale.
MR Ma arriviamo finalmente al "Ne plus dessiner".
Nel 1999, senza nessun preavviso (anche se qualche segnale
si poteva trovare sia al CIRVA con "des Plats", che a
Vallauris con i "brique à fleurs"), mi mandasti le foto di
una collezione di armadi in lamiera piegata. Foto bellissime
mostravano il processo di costruzione degli armadi, i quali
tuttavia, una volta realizzati, non erano apparentemente così
diversi da quei contenitori di lamiera che tutti abbiamo avuto
sul terrazzo della cucina o usato nello spogliatoio di una
palestra… Conservo ancora la tua lettera e tutti i documenti
che mi spedisti. Nella lettera mi dicevi, semplicemente,
"tutti i mobili sono delle scatole", e nel testo allegato per
la prima volta compariva una dichiarazione fondamentale:
"Io che ho tanto disegnato giungo a una proposta che non è
più la conseguenza di un disegno: un design senza disegno,
la separazione tra l'oggetto e la sua gestazione. Nel 1985 la
collezione 'Pi' è la manifestazione di una personalità, insieme
al disegno espressivo che l'accompagna. Oggi il mio lavoro
mi sembra l'esatto contrario di questo impulso:

un sottrarsi all'espressionismo del disegno e al risultato…".
MSz "Ne plus dessiner" non è affatto una folgorazione.
Questa mia affermazione testimonia un percorso che trova
il suo senso specifico nel contesto personale e storico di
cui abbiamo già parlato e che giunge alla sua formulazione
nel 1996, con il testo che accompagna il bicchiere Perrier.
Si tratta della progressiva consapevolezza che ogni oggetto
possiede una sua definizione e una sua funzione, e che –
ben prima del suo disegno – tale definizione è integralmente
determinata dall'uso; mentre l'uso, quello non si può
disegnare. "Ne plus dessiner" significa porsi a una distanza
oggettiva dal progetto, non delegare più all'immaginazione
individuale e al suo corollario, il disegno, la ricerca "di una
linea", come era stato per me negli anni Ottanta e Novanta.
"Ne plus dessiner" significa stabilire un metodo di lavoro
basato su dati esterni alla mia persona e quindi condivisibili
con chiunque, quelli che chiamo le "pietre miliari" ovvero
la tipologia di progetto (un tavolo, una sedia…), la sua
dimensione culturale (la sua storia, il suo uso…), le modalità
di realizzazione che comprendono
naturalmente la scelta del materiale,
infine il suo destino contestuale
(il luogo) e soprattutto le persone
cui il progetto è destinato. "Ne plus
dessiner" significa anche limitarsi
ai fatti, come un giudice o uno
scienziato, in un momento e in un
luogo ben precisi. Se dei nuovi fatti
interverranno, ecco che il progetto
si modificherà di conseguenza.
Non esiste nella mia pratica alcuna
proiezione utopica, semplicemente
perché sono sprovvisto di qualsiasi
forma di ottimismo. Ciò che mi fa
procedere è la rilevazione dei fatti
e dei dati che mi si offrono per
connetterli tra loro fin tanto che non
si presentino in una forma unitaria e
in qualche modo efficace, che possa

Construction/2015,
MSZ
Photo: © Fabrice Gousset

momentaneamente appagarmi. La nozione di limite, ovvero
ciò che è possibile in un certo momento dal punto di vista
tecnico e materiale, mi appare come un referente solido e
condivisibile: un luogo comune di natura economica. Alcuni
dei miei mobili sono quindi costruiti "al limite", quello stadio
oltre il quale il pezzo non sta in piedi e nessun uso si rivela
possibile. Ponendo l'accento sullo stato "limite" dei materiali,
della realizzazione e della destinazione, il disegno si elide
da solo e l'oggetto, realizzato in base a queste condizioni,
rende possibile l'utilizzo: è la sua ragion d'essere. Credo che
possiamo essere d'accordo sul fatto che valutare il design
attraverso delle immagini non restituisca che informazioni
parziali. La fisicità, la presenza, l'uso, persino l'acustica
di un oggetto, non si possono verificare se non a partire da
un'esperienza concreta, esattamente come per la pittura o
l'architettura. Ma per tornare al progetto che citavi nella tua
domanda, ovvero "l'Armoire", con l'avvento delle macchine
a controllo numerico e di certi nuovi materiali ho pensato

che fosse possibile realizzare un mobile a partire da un
programma, in un solo materiale, abolendo ogni accessorio
meccanico. Ecco, questo è quello che ho fatto nel 1997.
Il materiale è un sandwich di alluminio e plastica, ritagliato,
scanalato e forato secondo un programma numerico
stabilito. Le tre operazioni in realtà si riassumono in un solo
intervento realizzato in sequenza dalla macchina. Il fondo,
il sopra, il sotto, i fianchi, le ante, le maniglie, le cerniere
e i piedi sono definiti dalla fresa sulla superficie della lastra.
La traduzione dalla lastra alla configurazione definitiva
di armadio avviene poi unicamente per piegatura. Così sia
la struttura che tutte le componenti dell'armadio adottano
un unico materiale che, alla fine del processo esecutivo,
si presenta con un aspetto integrale.
MR Da quel momento sono passati molti anni e tu hai
"non disegnato" pezzi bellissimi e comunque assolutamente
riconoscibili. Mi rimane un dubbio, difficile da formulare:
i tuoi oggetti "non disegnati", e che quindi non dovrebbero
esprimere il tuo "ego", vengono in realtà presentati al
pubblico esattamente come gli oggetti
"disegnati", e da quel momento fanno
parte delle scelte che un compratore
può fare. Indiscutibilmente portano
con sé l'idea di un mondo in cui si
privilegiano immagini raffinate e poco
sature, ma che alla fine comunque
esistono. Non sarebbe stato più
coerente non disegnare per niente?
MSz Consentimi di citare un testo
che ha scritto Françoise Guichon,
curatrice nel 2011 della mia mostra
al Centre Pompidou: "Mettendo
da parte tutto ciò che rischierebbe
di comprometterne l'equilibrio,
questo metodo di creazione
'in economia', ove nulla può essere
aggiunto, nulla può essere tolto,
rende l'oggetto disponibile per ogni
uso, per ogni forma di appropriazione
e di godimento offerto al fruitore: un'economia in cui la
dimensione etica genera alla fine una dimensione estetica".
Che tu giunga a considerare i miei pezzi "bellissimi" mi
riempie di gioia; non ho mai postulato, infatti, la scomparsa
degli oggetti o di me stesso (quanto meno per ora!).
Questi oggetti dunque esistono e capita che io ne sia l'autore.
MR Vorrei cercare di capire "da dentro" alcuni tuoi progetti
per evidenziare anche le differenze con il lavoro di altri
progettisti. Innanzitutto mi sembra importante parlare del
dettaglio. I tuoi progetti hanno sempre per me una doppia
scala di lettura: da lontano e da vicino. Si tratta come
di una progressione visiva che porta a scoprire, nel percorso
di avvicinamento, le componenti dell'oggetto stesso.
Una differenza sostanziale con la poetica di certi designer
minimalisti che, per dare consistenza al contorno, rinunciano
all'ombra e alla modulazione. Impossibile, pensando al tuo
lavoro, non citare l'albero: massa unitaria da lontano, e
compenetrazione di rami e foglie da vicino. Alcuni critici,

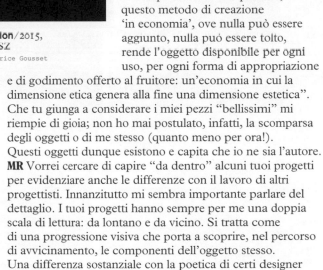

CONSTRUCTION / 2015,
MSZ

Photo: © Fabrice Gousset

forse a volte anche tu stesso, hanno insistito nel segnalare nel tuo lavoro la memoria del monolite: non sono affatto d'accordo, non trovo "monoliti" nei tuoi lavori. E poi il monolite non è a volte un oggetto un po' sciocco?

MSz Mi piace molto la metafora dell'albero, un organismo complesso che può apparire da lontano una massa ma, una volta visto da vicino, rivela la sua realtà. Un albero è in qualche modo un'esplosione… lenta! Cerco un risultato semplice e denso contemporaneamente, cerco di evitare una semplicità "povera". I *suivers*, coloro che vengono dopo, non percepiscono altro che la forma dei modelli cui si ispirano, e così poco della loro essenza.

MR Nel dicembre del 2001 hai scritto con Alison Gingeras un dialogo immaginario con te stesso che, nel marzo dell'anno successivo, è stato usato per presentare alla Galerie Kreo la tua personale "Six constructions". Una delle domande che ti "imponi" introduce, in netto anticipo sui tempi, il problema del rapporto tra arte e design: "Nel vasto campo della cultura visiva, nessuna arte in sé… ha mantenuto un senso di autonomia. Gli artisti visivi hanno cannibalizzato il design… gli oggetti d'arredo dell'Atelier van Lieshout, la casa di Jorge Pardo… sono tutti esempi eclatanti di artisti visivi che confondono le distinzioni… È reazionario o visionario pensare alla specificità di una disciplina…?". A quindici anni di distanza credo che l'interrogativo, sempre valido, possa essere ribaltato, chiedendo ai designer (e/o ai galleristi) il perché di un'invasione nel mondo delle gallerie (e quindi in un certo senso dell'arte) che pare motivato dal puro profitto.

MSz Il problema non è la galleria in se stessa, entità commerciale evidente, ma piuttosto la qualità dei lavori che vengono presentati in galleria. Per quanto mi riguarda devo riconoscere che il mio lavoro non sarebbe mai esistito se avessi dovuto rivolgermi ai soli produttori d'arredo, anch'essi commercianti. La galleria ha rappresentato per me, dall'inizio degli anni Ottanta, la piattaforma che mi ha consentito di rendere visibili le mie ricerche, leggibile il mio approccio e che, tra l'altro, mi permette di vivere.

MR Penso che ti arrabbierai, ma a me non sembra che esistano due Martin! A me sembra che non vi sia stato in realtà uno stacco netto attorno al 1996-1998! La tua mi appare come un'unica storia che, nei primi momenti, portava già in nuce i secondi. Mi sembra che Martin Szekely sia un ottimo designer che ha cercato, e cerca, la sua strada

l'Armoire/1999,
Galerie Kreo/MSZ
Photo: © Camille Vivier

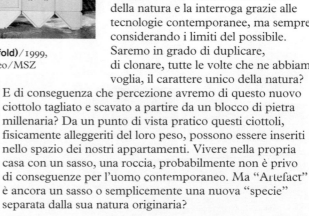

l'Armoire (unfold)/1999,
Galerie Kreo/MSZ

e che in questa ricerca appartiene al novero, poco abitato, dei designer apripista… Forse è giunta l'ora di riconciliarti con te stesso? Perdonare qualcosa (o qualcuno), se c'è qualcosa (o qualcuno) da perdonare. Non credo che la bellezza (cui arrivi costantemente) abbia bisogno di giustificazioni.

MSz Ma certo! Non si tratta di dissociare il mio lavoro o la mia persona, o di giustificare un atteggiamento. Semplicemente sono alla ricerca. Una ricerca che qualcuno giudicherà inutile, ma che mi appartiene.

MR Vorrei chiudere questa nostra conversazione analizzando un tuo recente lavoro, "Artefact". Per la prima volta nella tua storia proponi un diretto riferimento naturalistico, quei ciottoli levigati dal mare che hanno, da sempre, ispirato i poeti, gli artisti e i designer, primo fra tutti Bruno Munari con *Da lontano era un'isola*. Se il riferimento è quindi frequente, spiazzante è invece il rapporto natura/artificio che hai voluto porre: i ciottoli vengono scannerizzati e riproposti in dimensioni, e materiale, variati. Il massimo dell'artificialità per una forma massimamente naturale. Cosa significa citare la natura? Senti il bisogno di un mondo di forme meno razionali, più organiche?

MSz La citazione di Bruno Munari arriva veramente a proposito. Per comunicare la mia mostra ho usato una sua foto: sono visibili una scogliera, il mare e una spiaggia di ciottoli… ovvero la scogliera come luogo d'origine dei ciottoli, il mare come luogo di trasformazione dei ciottoli stessi e infine il risultato sotto forma di una moltitudine di ciottoli levigati dalla risacca. "Artefact" rappresenta un nuovo capitolo del mio lavoro che affronta il tema della natura e la interroga grazie alle tecnologie contemporanee, ma sempre considerando i limiti del possibile. Saremo in grado di duplicare, di clonare, tutte le volte che ne abbiamo voglia, il carattere unico della natura? E di conseguenza che percezione avremo di questo nuovo ciottolo tagliato e scavato a partire da un blocco di pietra millenaria? Da un punto di vista pratico questi ciottoli, fisicamente alleggeriti del loro peso, possono essere inseriti nello spazio dei nostri appartamenti. Vivere nella propria casa con un sasso, una roccia, probabilmente non è privo di conseguenze per l'uomo contemporaneo. Ma "Artefact" è ancora un sasso o semplicemente una nuova "specie" separata dalla sua natura originaria?

Martin Szekely

Marco Romanelli We met at the Salone del Mobile in Milan in 1987. You were wandering with a lost look, and you seemed even younger than your years. You were with a small, corpulent gentleman with a long white beard (beards were definitely not in style at the time), who was also barefoot: an inhabitant of the forests that had strayed by chance into an international trade fair?

Martin Szekely To never be in the expected place; to spend time with simple or different people; to be ready to disappoint banal expectations. This attitude, which is not calculated, has granted me independence of spirit and action over the years.

MR I think we should also mention another character, the first who played a very important role for you, and for French design. I am referring to Pierre Staudenmeyer. In 1984 his Galerie Néotù seemed like a crazy place, for those of us who were in search of a relationship with industry.

MSz As you know, Pierre Staudenmeyer was an erudite man, interested in mathematics as well as in psychoanalysis. He knew art history and had a rare ability for synthesis. He would usually comment on my work while I listened in silence. I learned a lot from him, about myself and about what I was doing then in a more intuitive than thought out, rather pondered way. In France, in that period, the situation was very different from that of Italy. Pierre Staudenmeyer and Gérard Dalmon created Galerie Néotù precisely to react to the absolute lack of interest in design on the part of the furniture industry. We were used to do everything ourselves, carrying on a very French tradition of one-offs or limited editions of furniture: after all, Émile-Jacques Ruhlmann, Jean-Michel Frank, Louis Süe, André Mare and many others were our predecessors. It would be interesting to understand why the relationship with industry seems so important to you: why did a project like that of Galerie Néotù, now a widespread model, seem "crazy" to you Italian intellectuals?

MR For those of us who came up in the 1970s reading Argan and Paci, industry meant the real possibility for design project to reach everyone. A utopia that saw ethical possibilities in the aesthetic message. Were we less free than you? Maybe the problem was in the fact that those

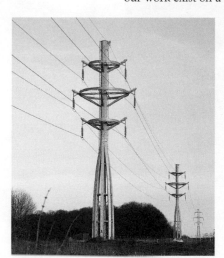

Corolle high-tension electricity pylon / 1994,
TRANSEL for EDF

who came prior to my generation were not cabinet makers, but great architects. Design in Italy did not come from the decorative arts, but from architecture, with Ponti, Albini, Mollino, Scarpa. The question of luxury had already been approached between the two World Wars, and from the time of reconstruction onward it was no longer of interest to anyone. It did not return until after the end of minimalism, at the start of the new millennium, of a new story.

MSz Sticking to France, it would be wrong to reduce everything to what was happening at Galerie Néotù. Actually, following the model of Raymond Loewy (who was of French origin), personalities like Roger Tallon, Pierre Paulin and others had devoted their entire lives to industry. Just take the case of SNCF (Société Nationale des Chemins de fer Français, for trains), Allibert (plastic outdoor furniture) or SEB (home appliances). Also for us, though we were much younger, industry had been the means to make our work exist on a large scale, and for Philippe Starck, in Italy, thanks to furniture manufacturers, it was a way of becoming a star. Regarding architects, on the other hand, we should not forget that in France, as in Italy, there was a tradition of designed furniture. Just consider Charlotte Perriand, Le Corbusier, Eileen Gray, Robert Mallet-Stevens, Pierre Chareau, Jean Prouvé and many others. Of course these are all names that associated with the Modern Movement, which was international by nature, not a specifically French tradition. We should also remember that even today, as in the past, famous architects design pieces for their own projects. This is true for SANAA, Herzog & de Meuron, Jean Nouvel, Peter Zumthor, Dominique Perrault, Renzo Piano or Zaha Hadid. Where I'm concerned, as you know, I have worked for industry since 1987: from Swarovski (in Austria) to JCDecaux (urban furnishings), from Legrand (switches, sockets, lighting blocks, security signage) to Perrier and Heineken (for the glasses), from Christofle (stainless steel flatware) to Roger&Gallet (the Eau de Cologne bottle), from Canal Satellite (multimedia decoders) to MK2 (cinema seating) and to Parrot (digital frames) and, finally, much more recently, in 2015, for Alaïa I did a collection of perfume bottles.

MR At the start of your career you designed sharp things that were mostly black. You experimented with carbon and a language that seemed to move between sculpture and a mysterious alphabet (among other things, you worked as a typographer and later designed a collection called "Initiales"). In Milan, which had recently fallen prey to the post-modernists, you seemed like an alien to me (in my memory you even have pointy ears, like the intrepid first officer of Star Trek!). Where did those forms come from?

MSz In that period I was simply trying to exist as an

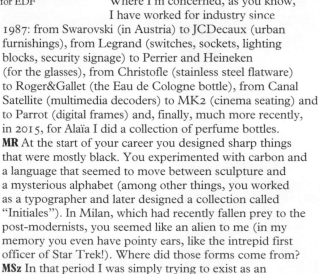

Pi shelf / 1983,
Galerie Néotù / Tribu / Zeus-Lab

Pi pedestal table / 1984,
Galerie Néotù

Carbone chair / 1985,
Tribu

Pettit desk / 1985,
Galerie Néotù

Bobine stool / 1989,
Galerie Néotù

Marie-France armchair / 1989,
Galerie Néotù

Nord vase / 1989,
Val Saint Lambert

Caractère briefcase / 1992,
Delvaux

Satragno cabinet / 1994,
Satragno / Galerie Néotù

Satragno shelves / 1994,
Satragno / Galerie Néotù

Satragno fruit bowl / 1994,
CRAFT

Perrier glass / 1996,
Perrier

Flower bricks Vallauris / 1998,
Lou Pignatier

Reflexive hammer / 1998,
European Neurological Society

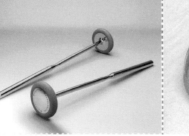

des Plats / 1999,
Galerie Kreo / MSZ
Photo: © Camille Vivier

Slim table / 1999,
Galerie Kreo / MSZ

Symbole pendant / 1999,
Hermès

Cork chair / 2000

table 00 / 2000,
Galerie Kreo / MSZ

Dom Pérignon bucket / 2000

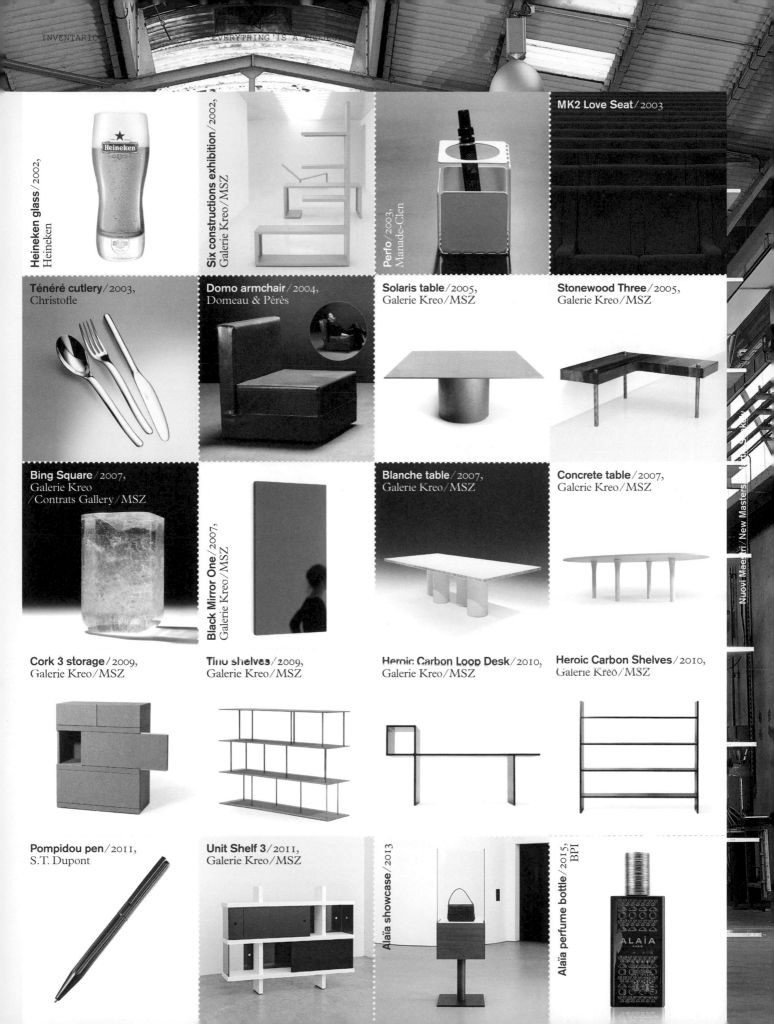

Heineken glass / 2002,
Heineken

Six constructions exhibition / 2002,
Galerie Kreo / MSZ

Perfo / 2003,
Manade-Clen

MK2 Love Seat / 2003

Ténéré cutlery / 2003,
Christofle

Domo armchair / 2004,
Domeau & Pérès

Solaris table / 2005,
Galerie Kreo / MSZ

Stonewood Three / 2005,
Galerie Kreo / MSZ

Bing Square / 2007,
Galerie Kreo
/ Contrats Gallery / MSZ

Black Mirror One / 2007,
Galerie Kreo / MSZ

Blanche table / 2007,
Galerie Kreo / MSZ

Concrete table / 2007,
Galerie Kreo / MSZ

Cork 3 storage / 2009,
Galerie Kreo / MSZ

Tino shelves / 2009,
Galerie Kreo / MSZ

Heroic Carbon Loop Desk / 2010,
Galerie Kreo / MSZ

Heroic Carbon Shelves / 2010,
Galerie Kreo / MSZ

Pompidou pen / 2011,
S.T. Dupont

Unit Shelf 3 / 2011,
Galerie Kreo / MSZ

Alaïa showcase / 2013

Alaïa perfume bottle / 2015,
BPI

Nuovi Maestri / New Masters

individual and to achieve some kind of personal expression.
I was interested in art history, typography, Japan and lots
of other things, even the Punk movement from which those
"sharp black things" you are talking about probably descend.
MR You almost immediately told me your father was a
sculptor, and very well known in France. I caught a hint
of a burdensome legacy. Is there a part of your distant
past that can help us to understand you and your choices
better, of yesterday and today?
MSz So it's time to tackle the family novel, that baggage
that for each of us contains the best and the worst. For me
the best was undoubtedly the fact that my parents, both
artists, were too busy with their art, so I was granted a lot
of freedom. When I was a boy we lived in the country:
my parents' friends were intellectuals, while the parents
of my friends were farmers! In that period I developed
a strong taste for landscape and its ability to evoke a
feeling of fullness in the spirit. Hence my interest in the
"commonplaces" that, by definition, reconciliate all men.
MR Your family is not French in origin, but Hungarian.
Did this have or does it still have a meaning?
Were there precise political motivations behind
your parents' move to France?
MSz My parents fled from
Hungary at the end of World
War II. They had understood
that freedom would soon
be limited, and as young
artists they would have found
that unbearable. That was
the main reason why they
moved to France, a country
that back then was seen
as the place of liberty.
MR Your studies include
direct experiences in the
field of "making." If I'm not
mistaken, you also worked on restoration and
cabinet making. Did this component have an influence
on your "second" life in design, let's say the one
a la Ruhlmann (seeing a first design life in the graphic
signs of the "Pi" collection)?
MSz My work undoubtedly went through an evolution.
We can say that there have been several periods, that have
succeeded each other and been summed together.
The manual work, the true "making", is definitely a factor
in the present phase: though I no longer actively take part
in the making of my pieces, I understand the processes,
the vocabulary. My parents used their hands and, as I said,
I spent my childhood in the country, surrounded by people
who simultaneously worked with the body, the hands and
the mind. This initial relationship with material and its
transformations probably led to my aptitude for construction.
MR We began to spend time together also because of an
unpredictable Milan-Paris relationship created by Bruno
and Jacqueline Danese who having left Danese in 1991
formed an association to discuss the design situation.

Legrand light switches/1995,
(colour design: Castelli Design, Milano),
Legrand

In the meantime, in March 1993, I wrote a long article
about you that was published in "Domus" (I'm not sure
if I ever told you this, but that article was hotly challenged
by part of the editorial staff, and after a long battle it was
personally accepted by Mario Bellini). It was about
a way of doing design that was completely different
from what was in vogue in Italy at the time.
MSz I am grateful to you for having approached my still
stuttering work and for having defended it in that article,
which was so important. Today, however, I too would
probably join forces with the opposition! Kidding aside,
I look back on my works from that period with a mixture
of affection and critique. I could tell you that the beginnings
were actually a matter of getting lost in the idea of creation
I saw being applied around me, by the artists of my milieu.
It took me a very long time to get in tune with what
I was really supposed to be doing. In this sense, I have
always been impressed by the maturity displayed by Jasper
Morrison from the very outset of his career. And he has
still never strayed from his line of conduct. While I had
to trace a long trajectory before getting into the groove
that has been mine since the end of the 1990s.
MR You mention the artists from
your circle to whom you looked in
this initial period of "indecision".
Can you list names? Personally
I find it hard to imagine who
they were, or in any case
I have the impression that your
judgment is too critical regarding
this first phase, which seen from
the outside has remarkable force
and independence.
MSz There's no reason to cite
particular names. I feel very
distant from the attitude of
the artist as "creator" and,
vice versa, I feel very close to the approach of a scientific
researcher, someone who gathers data, classifies, compares
and experiments through repetition, puts things into relation
and only on very rare occasions, after having produced a
synthesis, manages to discover something of significance.
Where my past work is concerned, the fundamental is not
to understand what I think of it, but to be aware that it is an
integral part of what I am and what I do today.
MR I remember, in particular, one characteristic of your
operation, which fifteen years later was transformed into
one of the cornerstones of the design of the new millennium,
namely that of designing one-offs inside particularly
sophisticated houses. An attitude we didn't understand
very well, at the start, which made a clean break with
what remained of the idea of design as a democratic
movement for the masses, and with the equally fundamental
idea, at least in Italy, of interior architecture as a general
configuration of space.
MSz The dominant ideologies have never conditioned
my work, either in terms of personal research or in the area

of collaboration with industry. Inserting one of my pieces in a sophisticated interior is still the only way to allow my experiments, which require sizeable investment, to exist. In any case, my work is certainly not based on the idea of bringing happiness to everyone. The moralism that is considered part of "design culture" is connected to the legitimacy of the industrial instrument and its presumed democratic purpose: a packaged morality, ready for use. Don't you think so? Today new dogmas have taken over, ecology, and the environment… my way of working, its ethic and its motivation, finds justification in the work itself. I'm not looking for legitimacy conferred from the outside.

MR Nevertheless I think your projects, especially those after 1996, "oblige" the user to "look" and therefore those have a role as tools of "visual education". They demand a certain degree of awareness.

MSz Every type of appropriation of my projects is somehow a cause of satisfaction, for me. At times I hear comments and judgments that are very far from my intentions, but I still take them as manifestations of interest, and I feel enriched. Actually, however, just the opposite of what you are saying takes place: when people come into contact with one of my pieces, i.e. when the pieces are "in use", it is as if they did not make themselves noticed, as if the gaze could slide off of them. For example, if a bookcase I have designed is full of books, you will be able to clearly see only the books. Vice versa – and here I agree with your observation – when the same pieces are "on display" they are transformed into objects of contemplation, and therefore of thought: one concentrates exclusively on them, which is exactly what one expects in an exhibition.

MR Another doubt lingers, certainly not of a moral character, but "as a designer", regarding the possibility of control of the space in which your pieces will be inserted: don't you think it is necessary to share in the architecture (or even to have designed it) and also, in a certain sense, in the life it embodies, to be able to insert a piece in an environment? The case of a client who goes to a gallery and purchases one of your works is different, because he takes full "responsibility" for the relationship with the context in which it will be inserted. Actually your work, back then and to some extent now, is an "in situ" operation.

MSz As you correctly point out, two distinct situations exist, and I have practiced both for some time. On the one hand, a work that becomes part of a known context, where I have to take the inclinations of the owners into account. I call this type of situation "attentional work", where the attention is addressed both to the space and to its inhabitants. On the other, there is the opposite case, namely a work that does not have to take environmental and personal factors into account, but considers only the state of my research at the moment of the making. This is the work I present in exhibitions, galleries or museums, as happened in 2011

at Centre Pompidou and more recently in New York, at the gallery Salon 94, and in Geneva at Blondeau & Cie, in Brusselles at the Pierre Marie Giraud gallery, currently in a private presentation and in 2018 spring at MADD in Bordeaux.

MR Another thing that particularly struck me about our encounters in Paris (you tended to come to Milan less often, and that is still true; you seem like one of the few designers from across the Alps who hasn't been lured by the charms of our industrial sector): the continuing reference to the world of literature (and of art, to some extent), and much less interest in the design debates, and the personalities who in that moment were waging a true ideological war.

MSz Industry is simply one possibility among others, like crafts. I work on a regular basis for industry, through multinationals: it's a way of checking on my capacity to be in tune with a certain time. The industrially produced object has to immediately be assimilated by the majority of people (without necessarily being decoded or understood), otherwise it becomes a commercial failure and there will be no other possibilities of judgment. Industry is somehow the counterpart of my research work, the work I do in solitude and for which I expect nothing from a hypothetical audience. In the period you're talking about, at the end of the 1980s, I was reading Thomas Bernhard, a writer who has the ability to analyse a theme, approaching it from multiple viewpoints, as one might do today with a scanner. Maybe my desire to exhaust an argument comes from this: I am thinking, for example, of the many tables I have made. The last table is the sum of all the others, to form a corpus capable of putting into perspective all the tables I have designed, or anyone else has designed, in any historical epoch. As for ideological wars, as you have understood, I have nothing to do with them. I am more interested in giving life and consistency to my work.

MR You did not seek links with young French designers (*les petits enfants* of Starck), nor with the first minimalists arriving on the scene, which I immediately tried to draw into my orbit and that of "Domus" which was presenting itself as a bastion of the battle against the Post-Modern at the time.

MSz This might be the moment to tell you that the only designer with whom I tried to get in touch, in vain, was Jasper Morrison. I admire him, though our respective works seem quite distant from each other.

MR Was this respect for the work of Jasper already there in your "maximalist" period, or did it only happen at the turn of the century? Can we see it as one of the reasons behind your turn? Don't you think there are very big differences between the roles you and he assign to projects? I have the impression that Jasper conserves an ideal of "design for all" that is not part of your priorities. So is this more a fascination with form?

Safety Lighting Power Supply/2001, Legrand Sécurité

Nuovi Maestri / New Masters

MSz The interest one has in a work or an author does not necessarily lead to appropriation or imitation. A clear point of divergence with respect to Jasper Morrison, and others, is that I have never felt a messianic urge (to design for a better world and the happiness of all). Of course, unlike many people, he immediately set his work on an ethical foundation. He reminded us of the power of simple things, similarly to what Yanagi Sōetsu did in the 1930s, describing a rice bowl: "It would be hard to assert that this bowl is lacking in virtues, simply because it is a very ordinary rice bowl. Certainly it has not been made to astonish with its effects of detailing, so we need not conceal even the slightest irritation due to some technical refinement. No theory of beauty has inspired it, so it does not run the risk of being spoiled by an excessive state of awareness. Nothing would justify the citing of the name of its creator. It is not the result of any triumphant ideology, nor can it become the tool of some sentimentalism. It was not born of mental excitement, and therefore it conceals no seed of perversion. Created for a simple purpose, it eschews fanfare and colour. But so, in the end, how can such an ordinary bowl be beautiful? Put simply, the inevitable result of this 'ordinariness' is beauty" (from Yanagi Sōetsu, *The Unknown Craftsman: A Japanese Insight into Beauty*, Kodansha America, 2013). In this passage, isn't Yanagi Sōetsu talking about a beauty shared outside of any formal or stylistic concerns? It is precisely on this ground that I feel I share something with Jasper Morrison.

MR You don't want to comment on the French situation in those years? Particularly regarding the figure of Starck?

MSz Philippe Starck set out to achieve a certain type of recognition and he did it by making lofty sounding and rather opportunistic proclamations. What remains, for the younger generations, is above all the idea of media success. We ought to ask ourselves: just how much have his achievements and his talent suffered due to this attitude? I should also point out that Philippe Starck, too, strives to create collective happiness! In a certain sense, calling into play on the design planet Jasper Morrison, on the one hand, and Philippe Starck on the other, we might say that we are examining two opposite poles. Design is a term rich in nuances, meanings, signs, drawings and projects, but instead the commonly shared meaning is quite restrictive and characterized: most of the time, it evokes a positivist attitude aimed at the construction of a better world. Where I'm concerned, my work is limited to testing the present state of affairs in a well-circumscribed area: that of the use of materials and structures on the scale of furniture.

MR At the end of the 1980s you seemed to be looking

MUPI/1992,
JCDecaux

at African sculpture, on the one hand (like Brancusi?), and Alpine or peasant furniture, on the other (like Charlotte Perriand?).

MSz Already in that period I was drawn to the "commonplaces" that underlie our culture and our connection with practical and symbolic necessities, so well expressed in folklore and primitive art. Whether we are talking about African sculpture or peasant furniture, these are two cases of necessity, the first essentially symbolic, the second quite utilitarian.

MR Christine Colin correctly emphasized, in 1993, that one of your problems seemed to be "how to set objects on the ground". In effect, this seems to be a very pertinent question: from the absent feet of the "Stoléru" sofa to the unstable balance of the "Nord" vase, to the curls of the "Bobine" stool.

MSz These themes and many others have nourished my thinking, but today, after more than twenty years, I find it difficult to go back and comment on them.

MR You can't, or you don't want to? Yet it's an extraordinary theme, noticed by very few people, all absorbed with designing the "upper" and most visible part of an object, forgetting to root it to the ground. In the end, you get back to the issue in an important, breakthrough project like "des Plats" for CIRVA: how does one put a plate on a surface? How does one put food on a plate? "To separate food from the ground"… or when you say that for you, pieces of furniture are "supports, bases".

MSz Alright, maybe you are onto something. Those initial questions I asked myself about the relationship between my pieces and the ground should probably be seen in relation to my more recent questions regarding the very existence of furniture in our midst: why furniture? To put yourself to some extent in a "prehistoric" situation when it comes to design implies reflection on the basic needs connected with our condition as human beings. Furniture is thus the ideal connection between intellect, art and work. Furthermore, for its humble character and systematic presence, it is also a special indicator of the characteristics of our everyday life. In this sense, I turn my attention to all types of furniture, but the table is undoubtedly the element with which I have come to grips most often. The table is parallel to the ground that supports it, it is a fragment of ground, a tiny territory, simply a horizontal plane. The use we make of tables in the West can therefore be summed up in an object that separates us from the ground: a rug, a mat, a tablecloth, a wooden plank. In short, the table protects us from the ground. It is a type that straddles earth, men and architecture. In constructive terms, it has similarities to the structures calculated by engineers on the scale of architecture. An unstable table, in fact, precisely like an unstable construction, is impossible

to live with. The use of the table is multiple. Diners eat around its perimeter, but left on its own it is the support for our books or other objects, for other activities.

MR In 1991 you told Christine Colin that your work is "elitist as a consequence, not by vocation" and "it is the market that determines the technique and the cost of an object, not the other way round".

MSz Both thoughts are still valid, don't you think? But maybe the time has come to narrate an episode that disturbed quite a few upright citizens. I've been accused of lacking political commitment because I have never demonstrated the urge to work for a large audience, at affordable prices. But in 1995 I designed a glass for Perrier and, for once, I got many compliments for having finally made an industrial object at a reasonable price, available to everyone. So I invited a group of journalists to visit the factory, in northern France, to show them the working conditions in the place where the Perrier glass was produced. The first shift of workers toiled from 7 in the morning to 3 in the afternoon, the second from 3 to 11 at night, and the third from 11 to 7 the next morning, all year round. The workers moved in a deafening environment (in spite of the earplugs!) surrounded by filth because the machinery had to be constantly greased, so everything was oily and black. We visited the factory at a gallop and escaped as soon as possible to grab a train and race back to the capital. I think this is an edifying story, that demonstrates how hard it is to find coherence when you approach moral (or perhaps political?) themes. And remember, that was in France! What should we think about those that make their products in countries with low labour costs, aiming at the economically disadvantaged strata of European consumers? That too is industry!

MR I'm very interested in reviewing this project of yours, for the Perrier water glass. An object that has been produced in millions of units, that many people have used without knowing anything about you. Today, *a posteriori* looking back, I think it probably embodies your two souls (or your two "lives"): a simple, truncated cone form, heavy, large, bearing a pointy, unpredictable "Gothic" inscription, which is just as recognizable as the shape of the glass is "unrecognisable".

MSz The Perrier glass was the object with which I became fully aware of the limits of drawing. I think it is clear that the glass was not drawn but thought up on the basis of principles, which later I would have called "milestones", which are the analysis of its history, the production technique, the useful purpose, the relationship with the already existing bottle. The object-emblem of the Perrier brand, in fact, had been precisely the bottle, until then, recognizable to all thanks to its distinctive "teardrop" shape. At the start of the 1900s its designer, who was the owner of Perrier himself, was clearly inspired by the "Indian clubs" used by gymnasts. When I got the commission for the glass, the first created for this brand, I realized that the real job was to celebrate the marriage between the little bottle, a historic object, and the glass itself. What is a marriage, after all, if not the meeting of two

entities that share the same mental state without physically resembling each other? This seemed to be precisely the situation. So I studied the history of the bottle and analysed its shape: a smaller base, but sufficient to ensure balance, a round belly to contain the sparkling water, a narrow neck to pour it. Then I defined the profile: a thick base to protect against impact on the table or the bar, a flared form to offer the water and facilitate grip. After twenty years on the job, and after the production of over 20 million units, the Perrier glass is still regularly used in cafes, and regularly stolen by their customers!

MR On this subject, we did an extraordinary exhibition in 1994 with Bruno and Jacqueline Danese, "Oggetto ambiente", considering the possibility of a single object to transform its surrounding environment. There were also Jasper Morrison and a very young Konstantin Grcic. The theme was actually very much in tune with your reflections at the time, but instead you surprised everyone by proposing a parallel operation, designing an "accessorized base". Was this one of the first manifestations of that "silence" that was to emerge later?

MSz I must confess that I had not understood much about the overall intention of that exhibition, so maybe my project was not completely pertinent. I lived that period, prior to the formulation of "Ne plus dessiner" ("Draw no more" from 1996 to 1998), in a very tormented state, without being able to understand what was happening to me and how things could evolve in the future. It was only after the solo show at Grand-Hornu, in Belgium (March-May 1998) that I plunged enthusiastically into the adventure that still excites me today.

MR If you don't mind, I'd like to linger for a moment over that period before the big change, to specifically analyse some of your projects (which are also favourites of mine). In particular, I'm interested in talking about the urban furnishings project for JCDecaux and the slightly "naturalistic" roots of certain forms you translated into large, complex objects of great impact (at the time you cited the photographic research of Karl Blossfeldt, but we could also mention the ribbing in the great Gothic cathedrals).

MSz In effect, I was stimulated by Gothic architecture, just as I did develop the metaphor of "planting" furnishings in the centre of the city. This led to a naturalistic option, along the lines of what had already been imagined in the 19th century by Hector Guimard and Victor Horta. In 1992, when I approached this plainly industrial commission, I thought of the project as an emanation of the constructed architecture in the historical centres of cities. And actually, during a recent visit to the cathedral of Metz, I did notice a certain family resemblance between the litter bins I designed for JCDecaux and the Gothic monument. With another approach, the urban furnishings designed by Norman Foster for the same company made a clean break with the environment of historical cities. A project, in any case, that came out very well, and has unfortunately given way today to "soft", very "design-oriented" objects, more suitable to be used by politicians for their advertising campaign.

MR Having finally reached the moment of your "vision on the road to Damascus", I'd like to begin with some very simple questions. First of all, did this radical change of language cause problems with your regular clients, with all those who expected to be dealing with the Szekely they already knew so well? Much earlier, you said that you designed only as a response to a precise assignment: did this 360° change mean that for a certain period you ended up designing only for yourself? Then, in the moment when you declared "ne plus dessiner", in 1996, didn't you consider the problem of those who for at least a decade had already been moving forward with this philosophy? We mentioned Jasper Morrison, but could we also cite Maarten Van Severen? Didn't you feel like a "latecomer"? Weren't you afraid of losing your role, your recognition, and therefore your fame? Personally, I clearly remember you being perfectly convinced and almost "surprised at my surprise" when you sent me, to evaluate for possible publication, as we had been doing for many years, something absolutely (if not excessively) minimal, and therefore dissonant with what you had done before.

MSz What you are saying makes me think of the reaction of the fans of Bob Dylan when he began to play electric guitar after having been worshipped as a folk singer with his acoustic guitar. Or, on the opposite side, that crowd of artists who repeat the things that brought them success, ad nauseam. Do you really think collectors can have influence over someone who is setting out to make a work? In any case, precisely for this reason, as I explained to you, I decided to work both on commission (private or industrial) and on my own personal research. As for the allusion to Saul, who even changed his name on the road to Damascus, I don't think I have ever persecuted anyone in my life, nor have I ever been converted to a creed or a precept. But you are right about one thing: it was a radical change, though some might see it as the development of roots already present in my past. You think Jasper Morrison and Maarten Van Severen are at the origin of every simple form? Maybe we should also remember, without proceeding in chronological order, the shelves by Ludwig Mies van der Rohe in 1927, the cubical ashtray by Bruno Munari in 1957, the "More" table in 1989 by Angelo Mangiarotti, the tea doser in 1926 by Hans Przyrembel, the "1063" floor lamp in 1954 by Gino Sarfatti, or the house Ludwig Wittgenstein designed in 1926-1928 for his sister, the furniture by AG Fronzoni in 1964, the furnishings and architecture of Luis Barragán, but also antique Japanese objects, prehistoric tools and ostrich eggs? And, in other fields, Kazimir Malevich, Edgard Varèse, Morton Feldman, John Cage, Donald Judd, John McCracken, Gustave Flaubert and many others? I think it might be better to understand what each person brings to the collective construction, rather than imagining a war between egos and dates.

MR You mention personalities and situations that are undoubtedly pertinent and commendable: they are the "roots". But it is also true that there are moments in history in which certain intentions and certain aspirations combine to form movements, and these movements have a precise message, in that precise time. I believe that minimalism in design (arriving twenty years after the similar movement in art) has been, in its reaction to the Post Modern, a clearly recognizable movement, with its own heroes and its own manifestos (it was in this sense that I referred to Jasper and Maarten). But perhaps I am swayed in this analysis by the enormous weight the battle against the Post Modern had in Milan… It was truly a struggle to be able to express yourself in a moment in which you "had" to design like Sottsass, Mendini and Branzi… Perhaps in France the decade from 1983 to 1993 was less ferocious than in Italy, and didn't require such clear taking of sides.

MSz In effect, in that moment I did not identify with any movement. But then, in France, did movements exist? Among certain designers of my generation, there was undoubtedly a desire, influenced by the Italian personalities you mentioned, to look at furniture no longer as consumer goods, but as a true medium for creativity. In the end, given the rigorously artisan production system that each of us applied with pleasure, anything was still possible. The journalists spoke, at the time, of "creators"… Minimalism, the artistic movement that began in the United States in the early 1960s, approached notions that were completely extraneous to the world of design, in my view, though that didn't prevent Donald Judd from writing some very interesting things about furniture, clearly distinguishing this practice from art, and creating furnishings that in their extreme simplicity had an impact on some of us, as part of a family of achievements based on the use of simple wooden boards: I am thinking of Sophie Taeuber-Arp, Gerrit Rietveld, Rudolph Schindler, Frederick Kiesler. Design that stands out for simple forms actually belongs to a historical vein that constantly resurfaces in different geographical zones and different eras. Again, we can talk about traditional Japanese furnishings, but also peasant furniture or that of the Shakers, all based exclusively on a response to functional needs through economy of means. Are you really convinced that Jasper Morrison and Maarten Van Severen have followed the same path? Did they ever meet? Maarten Van Severen had a formal veneration for the work of Donald Judd, while the work of Jasper Morrison finds its sources in the history of anonymous furniture and the work of the 20th-century masters. What unites them, in substance, is the pursuit of cultured formal simplicity.

MR So we have finally arrived at "Ne plus dessiner". In 1999, without any warning (though some signs were visible both at CIRVA with "des Plats" and at Vallauris with the "brique à fleurs"), you sent me photographs of a collection of wardrobes in bent sheet metal. The pictures were beautiful, and showed the construction process of the wardrobes, which nevertheless once made were apparently no different from those sheet-metal containers we've all had on the balcony by the kitchen, or in the dressing room of a gym… I still have the letter you attached, and all the documents you sent me. In the letter you simply told me "all the pieces are boxes", and in the attached text a fundamental statement

Nuovi Maestri / New Masters

MANIÈRE NOIRE TOWER 1 / 2013, MSZ

Photo: © Fabrice Gousset

MAP-TEX / 2013,
MSZ / BLONDEAU & CIE
Photo: © Fabrice Gousset

MAP-CSL / 2013,
MSZ / BLONDEAU & CIE
Photo: © Fabrice Gousset

MAP-CAN / 2013
MSZ / BLONDEAU & CIE
Photo: © Fabrice Gousset

appeared for the first time: "I, that have drawn so much, have reached a proposal that is no longer the consequence of a drawing: a design without drawing, the separation between the object and its gestation. In 1985 the 'Pi' collection was the manifestation of a personality, together with the expressive drawing that accompanied it. Today my work seems like the exact opposite of that impulse: a way of getting away from the expressionism of the drawing, and getting to the result…".

MSz "Ne plus dessiner" is not an epiphany at all. This statement of mine bears witness to a path that finds its specific meaning in the personal and historical context of which we have spoken, and reaches its formulation in 1996, with the text that accompanies the Perrier glass. It is the gradual awareness that every object possesses its definition and its function, and that – well prior to its drawing – that definition is fully determined by the use; and the use is what cannot be drawn. "Ne plus dessiner" means taking an objective distance from the project, no longer delegating it to the individual imagination and its corollary, the drawing, the search "for a line", as had been the case for me in the 1980s and 1990s. "Ne plus dessiner" means establishing a method of work based on data external to my person that can therefore be shared with anyone, what I call the "milestones" or the project typology (a table, a chair…), its cultural dimension (its history, its use…), the modes of making that naturally include the choice of the material, and finally its contextual destiny (the place) and above all the persons for whom the project is made. "Ne plus dessiner" also means sticking to the facts, like a judge or a scientist, in a very precise moment and a very precise place. If new facts arise, the project will be modified as a result. In my practice there is no utopian projection, simply because I am lacking in any form of optimism. What makes me proceed is the revealing of facts and the data that offer themselves to me to be connected together, until they present themselves in a unitary and somehow effective form that can satisfy me for the moment. The notion of the limit, i.e. that which is possible in a certain moment from a technical and material viewpoint, seems like a solid, shareable point of reference: a commonplace of an economic nature. Some of my pieces are therefore constructed "at the limit", that stage beyond which the work doesn't stand up and no use is possible. Putting the accent on the "limit" state of materials, production or usage, the design adjusts itself and the object made on the basis of those conditions makes

usage possible: the use is its reason for being. I believe we can agree on the fact that evaluating design through images can only convey partial information. Physical presence, use, even the sound of an object cannot be judged unless one has a concrete experience, exactly as happens with painting or architecture. But to get back to the project you mentioned in your question, i.e. "l'Armoire", with the advent of numerically controlled machines and certain new materials I thought it might be possible to make a piece of furniture starting with a program, in a single material, abolishing all mechanical accessories. So this is what I did in 1997. The material is a sandwich of aluminium and plastic, cut out, grooved and perforated by a pre-set numerical program. The three operation are actually combined in a single process done in sequence by the machine. The base, the top, the bottom, the sides, the doors, the handles, the hinges are made by the milling machine on the surface of the sheet. The transformation of the sheet into the definitive configuration of the wardrobe then happens only by bending. Therefore both the structure and all the parts of the wardrobe are made with a single material, which at the end of the working process has a uniform, complete appearance.

MR Since then many years have passed, and you have "non-designed" very beautiful and absolutely recognizable pieces. But I still have a doubt that is hard to formulate: your "non-designed" objects, which therefore should not express your "ego", are actually presented to the public exactly like "designed" objects, and from that moment on they become part of the choices that can be made by a buyer. They clearly convey the idea of a world where refined, not very saturated images are favoured, but in the end they do exist, in any case. Wouldn't it be more consistent not to design at all?

MSz Allow me to quote from a text written by Françoise Guichon, curator in 2011 of my exhibition at Centre Pompidou: "Setting aside everything that might upset the balance, this method of 'economical' creation, where nothing can be added, nothing can be removed, makes the object available for any use, any form of appropriation and enjoyment offered to the user: an economy in which the ethical dimension generates, in the end, an aesthetic dimension". The fact that you reach the point of considering my pieces "very beautiful" fills me with joy; I have never postulated, in fact, the disappearance of objects or of myself (at least for now!). So these objects do exist and it just so happens that I am their author.

MAP-TBL/2013,
MSZ/Blondeau & Cie
Photo: © Fabrice Gousset

MR I would like to try to understand "from the inside" some of your projects, to also bring out the differences with respect to the work of other designers. First of all, it seems important to talk about details. For me, your projects always have a dual scale of interpretation: from far away and from close up. It is a visual progression that leads to discovery, in the process of approach, of the components of the object itself. This is substantially different from the poetics of certain minimalist designers who to give consistency to the profile sacrifice shadow and modulation. Thinking about your work, it is impossible not to mention a tree: a single mass from a distance, and the interpenetration of branches and leaves from up close. Some critics, and you too at times, perhaps, have insisted on evoking the memory of the monolith to analyse your work: I do not agree at all, I see no "monoliths" in your pieces. And then, isn't the monolith a rather foolish object, at times?

MSz I like the metaphor of the tree very much, a complex organism that can seem like a solid mass from a distance, but reveals its reality when you get closer. A tree is somehow an explosion… but a slow one! I look for a result that is simple and dense at the same time, and I try to avoid "poor" simplicity. The *suivers*, those who come afterwards, perceive only the form of the models that inspired them, and nothing of their essence.

MR In December 2001 you wrote with Alison Gingeras an imaginary conversation with yourself that in March, the next year, you used to present your solo show at Galerie Kreo, "Six constructions". One of the questions you ask yourself introduces, far ahead of its time, the problem of the relationship between art and design: "In the vast field of visual culture no art, on its own… has maintained a sense of autonomy. Visual artists have cannibalized design… the furnishing objects of Atelier van Lieshout, the house of Jorge Pardo… are all striking examples of visual artists who blur distinctions… Is it reactionary or visionary to think of the specificity of a discipline?". Fifteen years later, I think that still valid question can be reversed, asking designers (and/or gallerists) the reasons behind an invasion in the world of galleries (and therefore in a certain sense of art) that seems to be driven by a pure desire for profit.

MSz The problem is not the gallery in itself, a clear commercial entity, but instead the quality of the works that are shown in the gallery. Where I'm concerned, I have to recognize the fact that my work would never have existed had I addressed only furniture manufacturers, who are also merchants. For me, the gallery has represented, since the start of the 1980s, the platform that allows me to make

my research visible, to make my approach legible, and it has also allowed me to live.

MR You might get mad, but it does not seem to me that two Martins really exist! I don't think there was actually a clean break around 1996-1998! Your story seems like a single story, which in its initial moments contained the seeds of what came later. I think that Martin Szekely is an excellent designer who has sought, and seeks, his own path, and that in this pursuit he is part of the sparsely inhabited circle of groundbreaking designers… Do you think the time has come to reconcile yourself with yourself? To forgive something (or someone), if there is something (or someone) in need of forgiveness? I don't believe that beauty (which you constantly achieve) needs justifications.

MSz But of course! The idea is not to dissociate my work or my person, or to justify an attitude. I am simply seeking. A search that someone may think is useless, but one that is a part of me.

MR I'd like to conclude this conversation by analysing

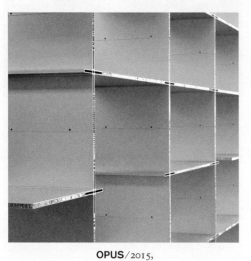

OPUS/2015,
MSZ

Photo: © Fabrice Gousset

your latest work, the very recent "Artefact". For the first time in your career, you propose a direct naturalistic reference, those smooth stones from the sea that have always inspired poets, artists and designers, first of all Bruno Munari with *From afar it was an island*. While the reference is frequent, the nature-artifice relationship you have generated is surprising: the pebbles have been scanned and reproduced with a different size and material. Maximum artifice for a form that is as natural as possible. What does it mean to quote from nature? Do you feel the need for a world of less rational, more organic forms?

MSz Your mention of Bruno Munari is truly appropriate. To explain my exhibition I used one of his photographs: you can see a rocky coast, the sea, a beach with pebbles… i.e. the rocky coast as the place of origin of the pebbles, the sea as their place of transformation, and the result in the form of a multitude of stones polished by the waves. "Artefact" represents a new chapter in my work, which approaches the theme of nature and questions it thanks to contemporary technologies, though always considering the limits of the possible. Will we be able to duplicate, to clone the unique character of nature, whenever we feel like it? And as a result, what perception will we have of this new pebble cut and excavated starting with an age-old block of stone? From a practical viewpoint these stones, physically reduced in terms of weight, can be inserted in the space of our apartments. To live in one's home with a stone, a rock, is probably not free of consequence for contemporary man. But is "Artefact" still a stone, or simply a new "species" separated from its original nature?

Nuovi Maestri / New Masters

OPUS / 2015,
MSZ

Photo: © Fabrice Gousset

I — 190. **Miti d'Oggi** / Myths of Today

Francesco Lo Savio

di / by **Alberto Mugnaini**

Francesco Lo Savio nasce a Roma il 28 febbraio 1935. Dunque aveva appena ventotto anni, quel primo giorno d'autunno del 1963, in cui decise di porre fine alla sua vita e alla sua avventura creativa, così breve e così intensamente anticipatrice. Si trovava a Marsiglia, alloggiato in una delle cellule residenziali della "Cité radieuse" di Le Corbusier. Doppio

Francesco Lo Savio
Archivio Tano Festa

suggello del destino, perché da un lato all'irradiamento della luce egli aveva consacrato la sua esistenza artistica, e dall'altro perché proprio Le Corbusier era stato, accanto agli altri protagonisti delle avanguardie razionaliste, uno dei suoi principali punti di riferimento, all'insegna di una devozione sfrenata e ascetica per le potenzialità progettuali della mente umana. ℐ

Entro l'impalcatura razionale del suo pensiero covava però un nucleo di natura quasi religiosa e metafisica, e la sua ricerca, come ci testimoniano tutti i suoi compagni di strada, non può essere separata dalle sue ansie e dalla sua ipersensibilità. "Era un posseduto, un invasato, vedeva l'arte come una dimensione integrale della vita": così lo descrive Toti Scialoja, e Renato Mambor, ricordando che alla vita egli era solito chiedere troppo, giudicò il suo suicidio un estremo messaggio di coerenza con se stesso. ℐ

All'inizio, siamo verso la metà degli anni Cinquanta, l'esigenza è soprattutto quella di affrancarsi dalla cultura dell'Informale e di fare i conti con la relativa tradizione pittorica: i primi dipinti di Lo Savio se ne mostrano ancora influenzati, avendo a che fare con concrezioni di pigmenti e sgocciolature di vernice, ma già si orientano verso un criterio di depurazione, di spersonalizzazione del gesto, costituendo le basi per una ricerca aperta alle suggestioni e innovazioni provenienti dalla tecnica e dall'industria. ℐ

Achille Bonito Oliva, riferendosi al suo retroterra culturale, parlò di una via mediterranea alle problematiche dell'arte moderna. In effetti, la luce di Roma e il culto dei suoi monumenti costituirono una sorta di energia mitica e panica che doveva essere incanalata e sublimata entro i confini di una logica stringente, di una razionalità senza riserve. Il Pantheon, in particolar modo, con il suo grande oculo centrale e le forme quadrate sulla volta e sul pavimento, dovette fomentare nel giovane cultore di architettura la predilezione per il motivo del cerchio relazionato al quadrato. Ma il ritmo vitale di queste geometrie e di queste relazioni spaziali viene colto nella loro interferenza con la luce, nel loro potere di accoglierla e rifrangerla, di filtrarla e modularla.

Ecco apparire, negli anni 1959-1960 la serie "Spazio Luce". Questi dipinti, definiti dall'artista "visioni di spettri luminosi nello spazio", furono realizzati con resine industriali, materiali fino ad allora

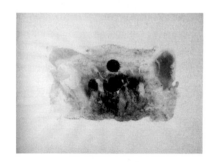

Senza titolo/Untitled, s.d.

inediti in pittura, che, grazie alla loro trasparenza, permisero, all'interno dei solidi confini geometrici, una più duttile gamma di modulazioni chiaroscurali. Risulta così esclusa ogni scoria materica e qualsiasi traccia di fisicità, come ben intese Germano Celant, che sottolineò il gioco di "sottili variazioni di colore che vanno dal centro ai lati del quadro, fino a entrare in rapporto con lo spazio del muro e dell'ambiente circostante", concludendo che "l'assunto teorico è di produrre una sequenza di vibrazioni all'interno delle due polarità". La dialettica luce-buio, nelle diverse gradazioni del giallo e del nero, crea un campo energetico che si estende ben oltre i confini dell'opera, per propagarsi a tutto lo spazio. ℐ

Il gioco delle modulazioni luminose all'interno delle sperimentate relazioni spaziali viene mantenuto e semplificato

nella coeva serie dei "Filtri", in cui il calcolato digradare della luce e l'affiorare di
un'inafferrabile ombra è ottenuto tramite
la sovrapposizione di carte traslucide (ed
eccezionalmente di grate metalliche).
Lo Savio si proponeva, con questi mezzi,
di "realizzare il movimento del respiro
nello spazio". Ma questa ricerca di un'e-
nergetica della luce, fenomeno sensoriale
di percezione fotonica ma anche suggestione magica e mistica, non era la sola
direzione da perseguire. La compiuta
realizzazione di questo potenziale di
energia era secondo lui imprescindibile
da un ridimensionamento dell'arte in
direzione di una più compiuta aderenza
alle esigenze della collettività. ¶

Proseguendo lungo la linea di un'arte
affrancata da ogni scoria di espressi-
vità, in questi stessi anni l'artista cerca di
eliminare anche l'ultimo residuo persona-
listico dell'atto creativo in un altro ciclo di
lavori: i "Metalli". Lo Savio, come possiamo vedere in una serie di memorabili
foto, è ora intento, al pari di un operaio
metalmeccanico, a manovrare macchine,
calandre e piegatrici industriali: è una
esemplificazione della perdita dell'aura,
della riproducibilità dell'arte nell'era della

Spazio Luce, 1959

Collezione/Collection Franchetti, Roma

Spazio Luce, 1960

Courtesy Galleria Christian Stein, Milano

Senza titolo/Untitled, 1959

Collezione privata/Private collection, Firenze
Courtesy Tornabuoni Arte

tecnica, processo di democratizzazione e
di apertura sul mondo del lavoro, secondo
le direttive di una progettualità osses-
siva, di un rigore geometrico assoluto.
Le riproduzioni cianografiche dei disegni
all'origine dei "Metalli" ci mostrano con
quanta meticolosità Lo Savio calcolasse
raggi di curve e gradi di angoli e come

cercasse di prevedere e di anticipare sulla
carta l'effetto prospettico che la diversa
inclinazione dei piani avrebbe prodotto.
Analogamente abbiamo una serie di fotografie eseguite dopo la realizzazione di
ciascun pezzo, che sono una verifica a
posteriori delle possibilità luministiche
offerte da quel determinato intersecarsi
di forme, secondo punti di vista e fonti di
luce differenti, un'indagine sistematica di
tutta la possibile gamma dei coefficienti
di rifrazione. ¶

Dunque sembra che il manufatto artistico, una volta spersonalizzato tramite il ricorso a procedimenti industriali

e neutralizzato dal punto di vista espressivo, ridotto a spoglio oggetto di design,
sia veramente un'anticipazione di quelle
strutture primarie o minimali, intransitive
e mute, che di lì a qualche anno sarebbero apparse negli Stati Uniti per opera
dei vari Serra, Judd, Morris, Andre...
In effetti è anche questo, e la critica è
ormai concorde nell'attribuire all'artista romano l'effettiva primogenitura
della Minimal Art. Ma c'è molto di più.
Gli oggetti che così prendono vita non
restano chiusi nella loro primarietà impe-
netrabile, ma interagiscono con le persone, mirano a condizionarne umori,

emozioni, affetti. Non a caso Lo Savio parla di sé qualificandosi come architetto, come se questi oggetti non fossero il risultato di una mera estetica ma dovessero avere una funzione sociale. E qual è questa funzione se non quella di essere ricettori e riattivatori di energia in vista di una riqualificazione dello spazio abitabile? Privato preliminarmente dell'aura in senso benjaminiano, l'oggetto partorito dalla macchina si ricarica di un'aura non ereditata per un privilegio demiurgico ma per il suo corretto funzionamento, un'aura che è energia di atomi luminosi, coinvolgente, irradiante. Queste superfici dipinte uniformemente di nero opaco sono congegni orchestrati per catturare le onde luminose e ritrasmetterle energizzate, addomesticate, trattenute e rilasciate in tutte le possibili guise. I titoli di queste opere rimandano al loro essere dinamico: nella semplice descrittività, definite superfici parasferiche, piane, ellittiche, estroverse, introverse, sembrano alludere a una terminologia psichica, alla messa a fuoco delle diverse personalità dell'essere inorganico. Una volta dispiegate in uno spazio indiviso, esse determinano una polifonia di toni luminosi e un coinvolgimento sensoriale e fisico che oltrepassa il senso della vista e induce una sorta di vertigine, di raccoglimento estatico. ℐ

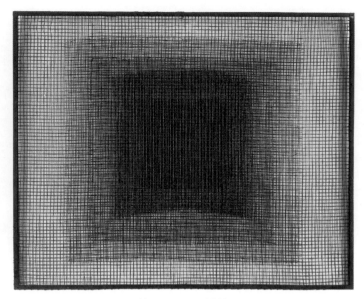

Filo e Rete, 1962
Courtesy Galleria Christian Stein, Milano

Filtro depotenziamento cromatico e dinamica d'assorbimento, 1960

Courtesy Bibo's Place

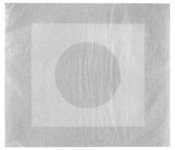

Spazio Luce, 1959

Courtesy Studio Gariboldi

Giunto a questi traguardi, mentre i suoi amici artisti – tra cui Franco Angeli, Mario Schifano, e il suo stesso fratello, Tano Festa – si apprestavano a lasciarsi ammaliare dalle sirene d'oltreoceano inaugurando il capitolo della cosiddetta Pop Art romana, Lo Savio radicalizza ulteriormente la propria ricerca. Siamo nel 1962, anno in cui porta a termine il passo successivo, quelle "Articolazioni totali" che aspirano a comprendere contemporaneamente il dentro e il fuori, il chiuso e l'aperto. I metalli neri curvati sono ora compressi in cubi di cemento bianco scoperti su due lati. Alla galleria La Salita di Roma, la stessa in cui due anni prima aveva presentato le resine e le lamiere, impone al proprietario, Gian Tomaso Liverani, di dipingere di grigio tutte le pareti, nel consueto intento di relazionarsi con l'intero volume che avvolge gli spettatori. Ma ormai è isolato, la mostra viene disertata, neanche suo fratello si farà vivo. L'unico esponente del mondo dell'arte a presentarsi è Giulio Carlo Argan, che darà, della vicenda artistica di Lo Savio, una delle letture più dolenti e penetranti. ℐ

L'eredità culturale di Francesco Lo Savio è permeata, oltre che di rigore matematico e di furore visionario, di quella concezione etica dell'arte oggi così inflazionata ma che allora egli seppe intuire in modo così perentorio da diventarne quasi un apostolo e forse un martire, quando le luci della ribalta si accesero tutte sulla nuova cultura dell'icona e del prodotto di consumo di massa. Per lui l'intento di modificare la percezione dello spazio andava di pari passo con l'intuizione della portata sociale e civile dell'azione dell'artista. ℐ

Lo Savio, definendosi architetto, intendeva progettare modi di vivere, tra realtà e utopia. Non si limitò infatti a pensare oggetti posizionabili in un interno da condizionare e rivitalizzare, ma affrontò di petto anche l'ideazione di edifici in cui poter perseguire, alla portata di tutti, il riscatto estetico della vita quotidiana. I progetti del 1962 e 1963, definiti come "Studi per unità di abitazione" o "Maison au soleil", riconfigurano nella pratica gli elementi già utilizzati nelle sculture, con l'intento di creare uno spazio organicamente strutturato per essere vissuto. Vedono così la luce i modelli di un nucleo abitativo con pareti a calotta girevole, come un diaframma tridimensionale in grado di raccogliere e sfruttare al meglio il percorso della luce diurna. La testimonianza dei suoi schizzi e progetti, mai arrivati a realizzarsi, ci immette in un mondo di articolazioni e di snodi che ha come ispirazione le giunture del corpo umano, raccordi che formano ipotesi di un'aggregazione urbana dinamica e fotosensibile, una struttura relazionata e relazionabile all'infinito, entro un piano di armonia cosmica universale. ℐ

Francesco Lo Savio was born in Rome in 1935. So he had just turned 28 on that first day of autumn in 1963 when he decided to put an end to his life and his creative adventure, a short one that was intensely ahead of its time. He was in Marseille, staying at the "Cité radieuse", the residential complex designed by Le Corbusier. A dual sign of destiny, because he had devoted his artistic existence to the radiance of light, on the one hand, and because precisely Le Corbusier had been one of his main points of reference, on the other, together with the other protagonists of the rationalist avant-gardes, as summed up in his boundless, ascetic reverence for the project-making potential of the human mind. ¶

Nevertheless, inside the rational scaffolding of his thought there was a nucleus of an almost religious and metaphysical nature, and his research – as all his travelling companions have reported – cannot be separated from his anxieties and hypersensitivities. "He was one possessed, a fanatic, who saw art as an integral dimension of life", writes Toti Scialoja, while Renato Mambor, remembering that he usually demanded too much of life, interprets his suicide as an extreme message of self-coherence. ¶

At the beginning – towards the middle of the 1950s – the need was above all to break free of the culture of the Informale and to come to grips with the corresponding tradition of painting: by which Lo Savio's first canvases are clearly still influenced, as they have to do with concretions of pigments and drippings of paint, but they are also already oriented towards a criterion of purification, of depersonalization of the gesture, laying the groundwork for research open to the suggestions and innovations arriving from the technical world and industry. ¶

Achille Bonito Oliva, referring to his cultural background, spoke of a Mediterranean path into the problematic issues of modern art. In effect, the light of Rome and the cult of its monuments constituted a sort of mythical, panic energy that had to be channelled and sublimated inside the boundaries of a stringent logic, an unconditional rationalism. In particular the Pantheon, with its large central oculus and the squared forms on the vault and floor, must have prompted a taste in the young architecture lover for the motif

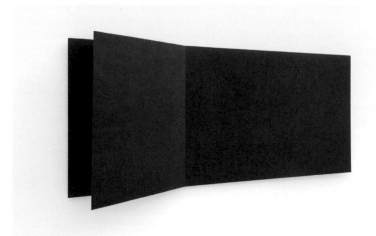

Metallo Nero Opaco, 1960

Collezione privata in comodato a/Private collection on loan to
MADRE · museo d'arte contemporanea Donnaregina, Napoli.
Courtesy MADRE Napoli
Photo: Amedeo Benestante

Metallo nero opaco uniforme
(Articolazione di superficie parasferica estroversa), 1961

La Galleria Nazionale d'Arte Moderna e Contemporanea, Roma

of the circle in relation to the square. But the vital rhythm of these geometric and spatial relations is grasped in their interference with light, their power to welcome and refract it, to filter it and shape it. Hence there appear, in the years 1959-1960, the works of the "Spazio Luce" series. These paintings, defined by the artist as "visions of luminous spectra in space", were made with industrial resins, materials that were new for painting, which thanks to their transparency made it possible to create a more ductile range of chiaroscuro effects inside solid geometric boundaries. As a result, any materic dross, any trace of physical constitution is excluded, as was understood by Germano Celant, who emphasized the play of "subtle variations of colour that move from the centre to the sides of the painting, to the point of establishing relations with the space of the wall and the surrounding environment", concluding that "the theoretical assumption is to produce a sequence of vibrations inside the two polarities". The light-darkness dialectic, in the various shades of yellow and black, creates an energy field that extends well beyond the confines of the work and spreads into the whole space. ¶

The game of luminous modulations inside tested spatial relations continues and is simplified in the series of the same period "Filtri", in which the calculated decline of the light and the surfacing of an elusive shadow are obtained through the layering of translucent papers (and, in exceptional cases, of metal grates). Lo Savio set out with these means to "achieve the movement of breath in space". But this pursuit of an energetics of light, a sensory phenomenon of photonic perception but also a magical and mystical impression, was not the only direction to be taken. The full realization of this energy potential, according to the artist, cannot be set aside from a rethinking of art in the direction of a stronger correspondence to the needs of the community. ¶

Continuing along the line of an art liberated from any dross of an expressive character, during this same period the artist tries to also eliminate the last remnants of personal presence in the creative act, in another cycle of works: the "Metalli". Lo Savio, as we can see in a series of memorable photographs, is now bent on manipulating industrial machines, calenders, presses, on a par with a factory worker: an illustration of the loss of the aura, of the reproducibility of art in the technical age, a process of democratization and openness to the world of work, in keeping with the directives of an obsessive project orientation, an absolute geometric rigour. The cyan prints of the drawings behind the "Metalli" show how painstakingly Lo Savio calculates the curve radii and the

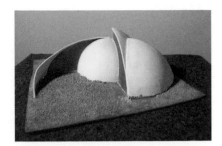

Maison au soleil I, 1962
Collezione privata/Private collection

degrees of the angles, how he tries to forecast on paper the perspective effect that will be produced by the different angles of the planes. Similarly, we have a series of photographs made after the completion of each piece, offering an *a posteriori* verification of the luminist potential provided by that given intersection of forms, from different vantage points and with different light sources, in a systematic investigation of the entire possible range of indices of refraction. ¶

So it seems as if the artefact, once depersonalized through the use of industrial procedures and neutralized from an expressive standpoint, reduced to a stripped-down object of design, is truly a harbinger of those basic and minimal, intransitive and mute structures that a few years later would appear in the United States through the efforts of artists like Serra, Judd, Morris, Andre... In effect it is also this, and the critics agree by now that the Roman artist was indeed an early forerunner of Minimal Art. But there is much more. The objects that come to life in this way do not remain closed in their impenetrable primary state, but interact with people, attempting to influence moods, emotions, feelings. It is no coincidence that Lo Savio speaks of himself as an architect, as if these objects were not the result of a mere aesthetic, but also had to have a social function. And what is that function if not that of being receivers and reactivators of energy to promote a new quality of inhabitable space? Previously deprived of the aura in the sense assigned it by Benjamin, the object born of the machine recharges itself with an aura inherited not through a demiurgic privilege but through its correct functioning, an aura that is energy of luminous atoms, engaging, radiating. These uniformly painted surfaces in matte black are devices orchestrated to capture

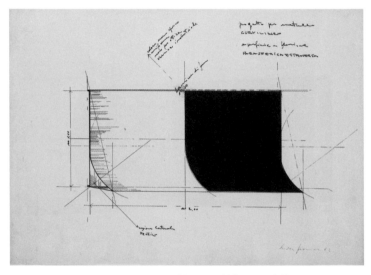

Progetto per metallo curvilineo, 1962
Collezione privata/Private collection

Metallo Nero Opaco, 1960
Collezione privata/Private collection

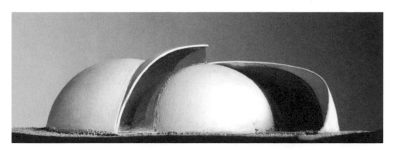

Maison au soleil II, 1962

Collezione privata/Private collection
Photo: Paolo Mussat Sartor

the luminous waves and to retransmit them, energized, tamed, restrained and released in all possible guises. The titles of these works reference their dynamic essence: in their simple descriptive approach, defining para-spherical, planar, elliptical, extroverted, introverted surfaces, they seem to allude to a psychic terminology, to the putting into focus of the various personalities of the inorganic being. Once arrayed in an undivided space, they bring about a polyphony of luminous tones and a sensorial and physical engagement that goes beyond the sense of sight and induces a sort of vertigo of ecstatic concentration. ⁋

Having reached these goals, while his artist friends – including Franco Angeli, Mario Schifano, and his brother, Tano Festa – were ready to be enthralled by overseas sirens, ushering in the period of so-called Roman Pop Art, Lo Savio made his research even more radical. We are in 1962, the year in which he completes the next step, that of the "Articolazioni totali" that attempt to simultaneously comprise inside and outside, closed and open. The black curved metals are now compressed in cubes of white cement exposed on two sides. At Galleria La Salita in Rome, the same gallery where two years earlier he had

shown the works in resin and sheet metal, he insists that the owner Gian Tomaso Liverani paint all the walls grey, with the usual purpose of establishing a relationship with the entire volume that envelops the viewers. But by now he is isolated, the exhibition is deserted, not even his brother makes an appearance. The only figure from the art world to show up is Giulio Carlo Argan, who was to provide one of the most painful and penetrating interpretations of the artistic progress of Lo Savio. ⁋

The cultural legacy of Francesco Lo Savio is permeated not only by mathematical rigour and visionary furor, but also by that ethical concept of art that is so widespread today, which he was able to intuit in such a commanding way as to almost become an apostle, or perhaps a martyr, when the spotlights shifted towards the new culture of the icon and the product of mass consumption. For him, the intention to modify the perception of space went hand in hand with the intuition of the social and civil impact of the action of the artist. ⁋

Lo Savio, defining himself as an architect, intended to design ways of living, between reality and utopia. He did not limit himself, in fact, to conceiving of objects that could be positioned in an interior to be influenced and revitalized; he also tackled the invention of buildings for the further pursuit, potentially by all, of the aesthetic redemption of everyday life. The projects from 1962 and 1963, defined as "Studi per unità di abitazione" or "Maison au soleil", reconfigure in practice the elements already used in the sculptures, with the aim of creating an organically structured space to be experienced. Models of a residential nucleus thus appear with rotating convex walls, like a three-dimensional diaphragm capable of gathering and exploiting the path of sunlight throughout the day. The evidence of his sketches and projects that were never completed introduces us to a world of joints and junctures suggested by those of the human body, connections that form hypotheses of dynamic and photosensitive urban aggregation, a structure related and relatable to infinity, within a plane of universal cosmic harmony. ⁋

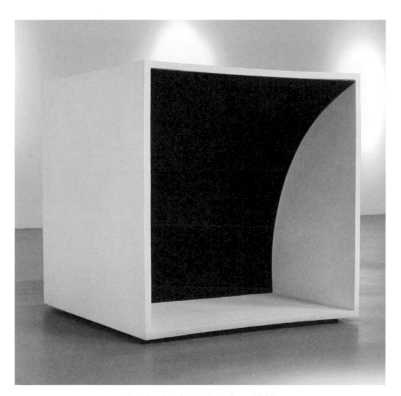

Articolazione totale, 1962

Collezione/Collection Prada, Milano
Photo: Luca Ficini /Centro per l'arte
contemporanea Luigi Pecci, Prato

I — 191. **Perché/Why**

Carlo Mollino
Arabesco

di/by **Corrado Levi**

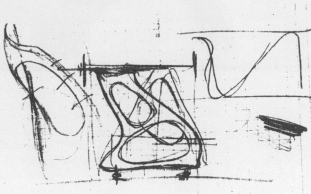

Perché hai fatto un tavolino senza gambe
tradizionali che appoggiano a terra?
Perché se non invento l'inusuale i miei sensi non si eccitano.

Perché hai usato un foglio di compensato come struttura?
Per poterlo curvare in modo che partendo dal piano fosse
raggiungibile il pavimento, risalire e infine ritornare a terra.

Perché il compensato nelle sue evoluzioni offre
tre punti di appoggio al piano superiore?
Perché tre punti rispetto a un piano sono quelli necessari
e sufficienti.

Perché ci sono due puntalini di ottone sotto la curva
del compensato che sfiora il pavimento?
Perché questi, insieme alla gamba affusolata che
tocca terra, costituiscono la triade perfetta di appoggio.

Perché il compensato è forato con ampi vuoti
dal perimetro curvo?
Perché ho voluto alleggerire la materia del compensato
per diminuirne le tensioni, per una citazione del grande
Arp, perché i fori continui evitano l'innesco di fessurazioni,
perché la loro sinuosità si appaia con quella dei piani,
e poi perché mi ricordano le membrature dei miei aeroplani.

Perché i due piani del tavolino hanno perimetri sinuosi?
Perché alludono ai fianchi delle donne, alle onde del mare
e a uno slalom sulla neve.

Perché i piani sono di cristallo?
Per lasciare vedere in trasparenza l'invenzione che li supporta.

Perché i piani sono due?
Per offrire maggiori superfici utilizzabili, e perché i piani,
fungendo da tiranti e lavorando a trazione, impediscono
lo spanciamento della struttura sotto sforzo, trattenendo
in forma il compensato curvato.

Perché hai fatto una invenzione "siffatta"?
Per sconvolgere me e gli altri che lo guardano
e lo guarderanno.

Why did you make a side table without
traditional legs resting on the floor?
Because if I do not invent something unusual
my senses don't get excited.

Why did you use a sheet of plywood as structure?
To be able to curve it in such a way that starting from the top
it can reach the ground, rise again, and return to earth.

Why does the plywood, in its evolution,
provide three resting points for the top?
Because three points are those necessary and sufficient
with respect to a plane.

Why are there two brass tips under the curve
of the plywood that grazes the floor?
Because together with the tapered leg that touches the floor
they form the perfect support triad.

Why is the plywood cut out with large
gaps having curved edges?
Because I wanted to lighten the material of the plywood
to diminish the tensions, for a citation of the great Arp,
because the continuous holes prevent the start of cracks,
because their sinuous shape matches that of the tops,
and because they remind me of the frames of my airplanes.

Why do the two tops of the table have sinuous edges?
Because they allude to the hips of a woman, the waves
of the sea and the slalom in the snow.

Why they are made of glass?
To let you see the invention that supports them.

Why are there two tops?
To provide more useful surfaces, and because the planes
– functioning as ties and by means of tension – prevent the
warping of the structure under stress, stabilizing the form
of the curved plywood.

Why did you make "such" an invention?
To astonish myself and the others who look and will look at it.

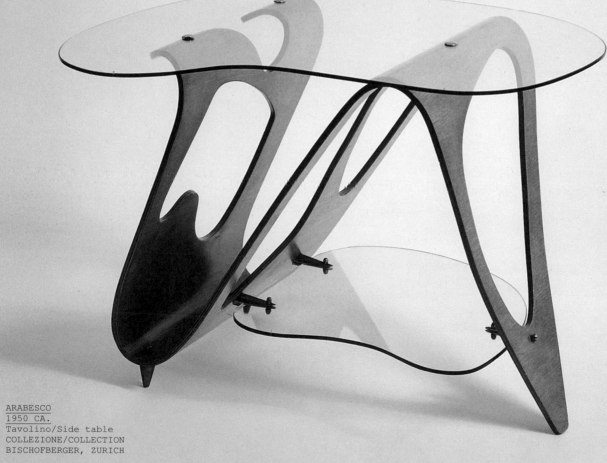

ARABESCO
1950 CA.
Tavolino/Side table
COLLEZIONE/COLLECTION
BISCHOFBERGER, ZURICH

Photo: courtesy Museo Casa Mollino

Perché/Why – Carlo Mollino, Arabesco

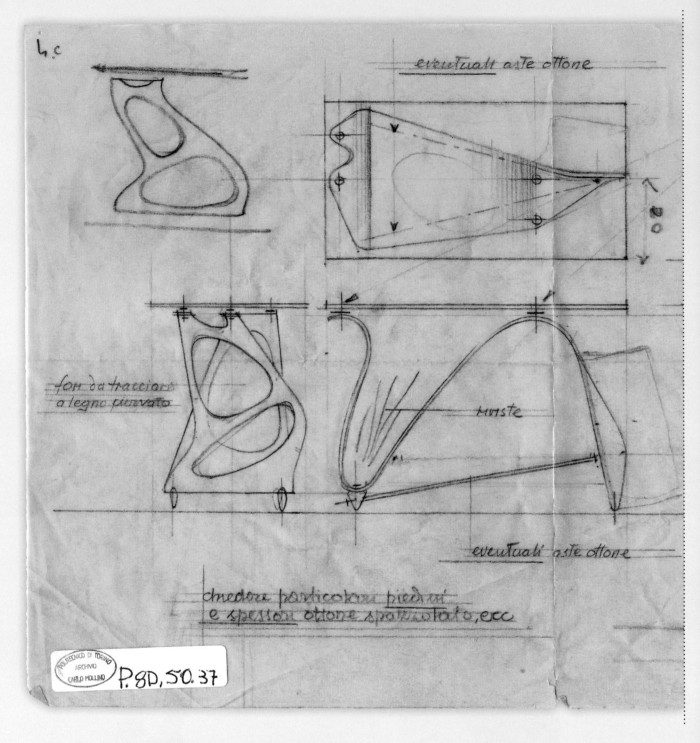

4.c

eventuali aste ottone

fon da tracciare
a legno ricurvato

miste

eventuali aste ottone

chiedere particolari piedini
e spessori ottone spazzolato, ecc

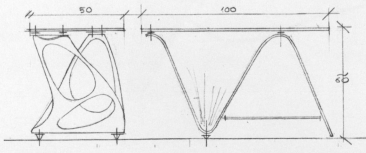

50   100   60

I disegni a pagina 104, 106 e 107 sono tratti
da schizzi di Carlo Mollino conservati presso
il Politecnico di Torino, Archivi della biblioteca
"Roberto Gabetti", Fondo Carlo Mollino.

Pages 104, 106 and 107 drawings taken from Carlo
Mollino's sketchs in Politecnico di Torino, Library
archives "Roberto Gabetti", Fund Carlo Mollino.

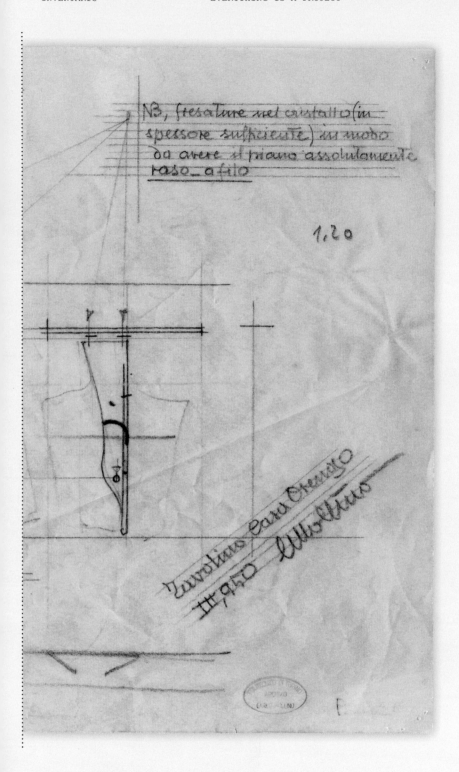

Handwritten annotations on drawing:

NB, fresature nel cristallo (in
spessore sufficiente) in modo
da avere il piano assolutamente
raso – a filo

1.20

Tavolino Casa Orengo
III 950 Mollino

ARABESCO
1950
POLITECNICO DI TORINO

Archivi della biblioteca/Library
archives "Roberto Gabetti"
Fondo/Fund Carlo Mollino

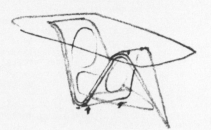

Alcuni disegni di Carlo Mollino
raccontano ipotesi differenti per
i tavolini della serie "Arabesco",
realizzati in un numero molto ridotto
di esemplari e varianti tra la fine
degli anni Quaranta e l'inizio degli
anni Cinquanta. Il disegno per
il tavolino di Casa Orengo (rispetto
alla versione della pagina precedente),
prevedeva una gamba fortemente
affusolata e un solo piano di cristallo,
quello superiore (dalla forma
rettangolare solo accennata), mentre
al posto del piano inferiore
erano previste due ("eventuali")
aste di ottone, a fungere da tiranti.
Mollino scrive sul disegno
"fori da tracciare a legno curvato",
riferendosi agli alleggerimenti
curvilinei che caratterizzano
ulteriormente la struttura di compensato
curvato, e "fresature nel cristallo
(in spessore sufficiente) in modo
da avere il piano assolutamente raso
– a filo" per ospitare le viti che
bloccano i piani alla struttura
(in realtà nei modelli eseguiti questo
accorgimento non viene realizzato,
e così dalla superficie del cristallo
sporgono le teste arrotondate delle
viti di ottone).

Drawings by Carlo Mollino narrate
different hypotheses for the tables
of the "Arabesco" series, produced
in a very small number of pieces
and variations in the late 1940s
and early 1950s. The drawing for the
table of Casa Orengo (with respect
to the version of the model on previous
page) called for a forcefully tapered
leg and just one glass top, the upper
one (with nearly rectangular form),
while in place of the lower top it
envisions two ("possible") brass posts
to function as tie-rods. On the drawing,
Mollino writes "holes to trace when
the wood is curved", referring to the
curved openings for lightness that add
further character to the curved plywood
structure, and "milling in the glass
(of sufficient thickness) to have
an absolutely smooth surface – flush"
to contain the bolts that fasten the
tops to the structure (actually, in the
models that were produced this advice
was not taken, so the rounded heads
of the brass bolts protrude from the
surface of the glass).

Questa versione del tavolino "Arabesco"
è un piccolo concentrato di precise
accortezze costruttive. La struttura di
compensato curvato è conformata per offrire
tre punti di unione al piano superiore di
cristallo. Egualmente tre sono i punti di
appoggio a terra per l'intero tavolino,
due dei quali ottenuti attraverso puntali
in ottone avvitati nell'ansa inferiore
(che funge poi da portariviste), e uno
determinato dall'estremità affusolata
della struttura curvata. Anche il piano
inferiore, che come quello superiore
funge da tirante (avvantaggiandosi della
resistenza a trazione del cristallo)
e impedisce la spanciatura della struttura
sotto sforzo, è trattenuto da tre elementi
di ottone che lo accolgono e bloccano.
I fori di alleggerimento – ulteriore
sfida per una struttura curvata, quindi
in tensione – hanno forme curvilinee
per evitare angoli da cui, con maggiore
facilità, avrebbero potuto innescarsi
fessurazioni e rotture (e quindi con
la stessa logica con cui, nella lampada
"Falkland", Bruno Munari disegna anelli
tondi perché "gli spigoli romperebbero
la maglia").

This version of the "Arabesco" side
table is a little concentrate of precise
constructive precautions. The structure
in curved plywood is shaped to offer three
points of juncture for the upper glass
top. The whole table also has three points
of contact with the floor, two of which
are obtained by means of brass tips bolted
into the lower curve (which functions as a
magazine rack), while one is formed by the
tapered end of the curved structure.
Like the top, the lower pane also functions
as a tie (taking advantage of the tensile
strength of the glass) and prevents the
warping of the structure under stress;
it is held in place by three brass parts
that hold it and block it. The holes cut
into the plywood to lighten the structure
– yet another challenge for a curved piece,
therefore in tension – have curved forms
to avoid angles which might more easily
be subject to cracking and breaking
(thus with the same logic applied by Bruno
Munari in the "Falkland" lamp, where he
designs circular rings because "corners
would pierce the knit").

—
DISEGNI/DRAWINGS:
MARCO MANINI

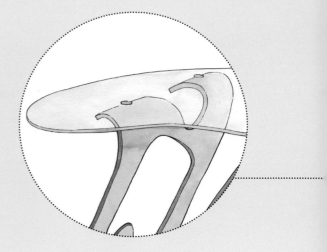

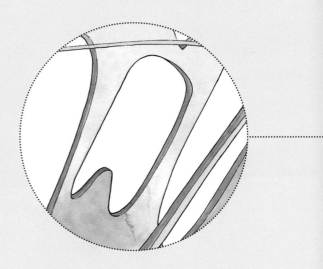

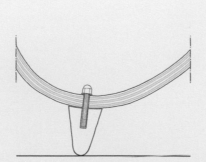

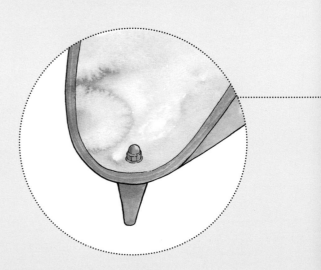

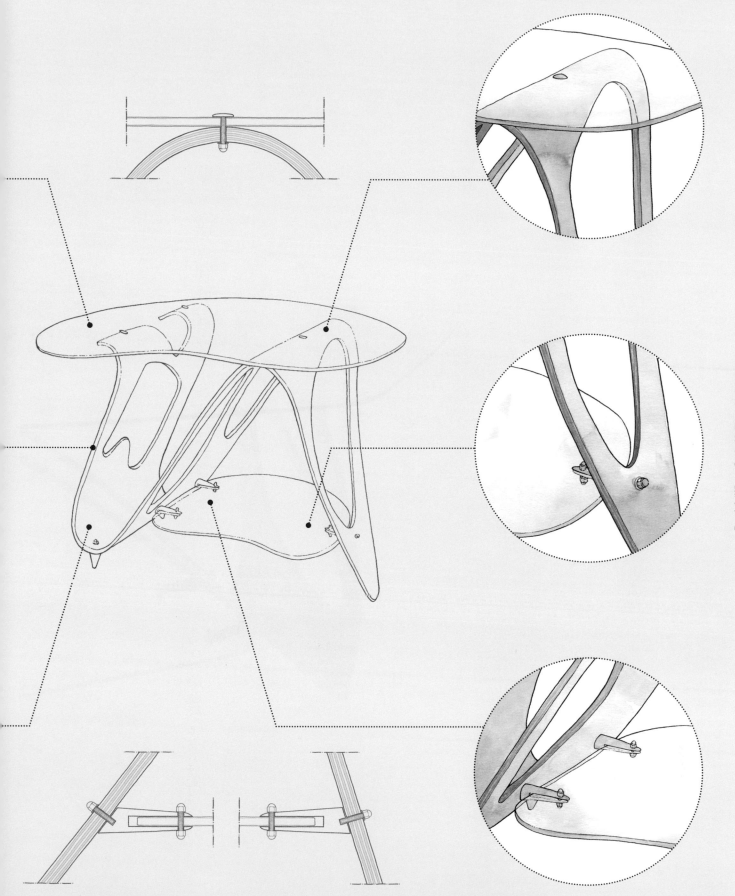

Perché/Why — Carlo Mollino, Arabesco

ARABESCO
1949
Tavolino/Side table
VICTORIA AND ALBERT MUSEUM,
LONDON

Altre versioni del tavolino "Arabesco" sono
caratterizzate da quattro punti di appoggio
a pavimento, come il modello conservato
al Victoria and Albert Museum di Londra.
Dal suo disegno d'insieme è possibile comprendere
l'ulteriore sfida costruttiva di Carlo
Mollino: una struttura di compensato curvato
che si "muove" anche lungo il proprio asse
longitudinale, in un ardito gioco di forme,
e quindi di pesi, che sembrano "slalomare"
da un'estremità superiore spinta verso destra,
a un punto inferiore che si sposta verso
sinistra, e poi di nuovo in alto, ma in una
posizione più centrale, prima di ridiscendere
a terra verso sinistra, con una gamba che
si divarica in un doppio punto di appoggio,
uno dei quali allungato verso destra. Il tutto
in un sistema di masse che si compensano
e bilanciano tra loro, e con l'intera struttura
ulteriormente equilibrata dalle forme e quindi
dal peso dei due cristalli, che hanno "sbalzi"
e aggetti che nel loro insieme aggiungono
stabilità al tavolino.

Certain versions of the "Arabesco" table have
four points of contact with the floor, like the
model on view at the Victoria and Albert Museum
in London. Its overall design makes it possible
to understand another constructive challenge
met by Carlo Mollino: the structure in curved
plywood also "moves" along its longitudinal axis
in a daring game of forms – and thus of weights
– that seem to "slalom" from an upper extremity
leaning to the right, to a lower point that
shifts leftward; then it rises again, but in
a more central position, before heading downward
to the left, with a leg that splits to form
a dual contact point, one of which stretches
to the right. All in a system of masses that
compensate for and balance each other, where
the whole arrangement is further balanced
by the forms and hence the weight of the two
panes of glass, which have overhangs that add
even greater stability to the table.

—
DISEGNI/DRAWINGS:
MARCO MANINI

Perché / Why – Carlo Mollino, Arabesco

I — 192. **Assoluti**/Absolutes

Gabriel Orozco
Extension of Reflection
1992

di/by **Andrea Anastasio**

assoluti \ / absolutes
opere che hanno
cambiato la nostra vita \
/ works which
have helped change
our lives

In tutta l'opera fotografica di Gabriel Orozco l'osservatore è chiamato a completare la foto, mettendo in relazione titolo e immagine. L'interazione tra opera e osservatore, quindi, è molto diversa da quella che la fotografia, normalmente, stabilisce. Di fronte ai lavori fotografici di Orozco siamo sollecitati a guardare con gli occhi, con il pensiero e con il corpo, e a metterci in ascolto di quello che il lavoro fa scaturire.

Quasi a risolvere dei rebus, veniamo chiamati alla scoperta del "non mostrato", del "non detto"; e riceviamo in premio quel sottile piacere che si prova nella risoluzione di un quesito e, soprattutto, la meraviglia di lucide epifanie che stupiscono in modo sempre più intenso nel coniugare inatteso e progettato. "Extension of Reflection" è un'opera perfetta, la sintesi che ogni artista vorrebbe raggiungere: un lavoro compiuto che, al tempo stesso, riassuma tutta l'architettura di una ricerca, l'equilibrio costruito e la sua reiterazione infinita. Come in un *kōan*, la foto ci conduce in quello spazio dove forma e significato, stasi e movimento, *krónos* e senza tempo sono fusi assieme a generare una contemplazione che per un attimo eterno ci lascia in sospensione.

L'orizzontalità dell'acqua, dell'asfalto, delle scie bagnate e la verticalità del cielo riflesso nelle pozze d'acqua sono coniugate in modo tale che la loro accidentalità e l'intenzionale moto dell'anonimo ciclista (Orozco stesso) determinino, svelandola, una realtà assoluta, vanificando il confine che teneva separati arte e mondo. Tra il cielo e la terra si compie il gesto creativo dell'uomo: siamo noi quel ciclista che, per volere di Orozco, rivela il fecondo gioco tra natura e linguaggio, tra immagine e pensiero, lì dove fare arte è un modo di stare al mondo, di guardarlo con occhi nuovi e di evocare una realtà non scissa nel nostro quotidiano.

In all the photographic work of Gabriel Orozco the observer is expected to complete the photograph, triggering a relationship between title and image. The interaction between the work and the observer is therefore very different from the one normally organised by photography. Faced with Orozco's photographic works, we are stimulated to look with the eyes, the thoughts and the body, and to listen to what is unleashed by the work itself.

Almost like solving a rebus, we are asked to discover what is "not shown", what is left "unsaid"; we are rewarded by the subtle pleasure that comes from solving a problem, and above all by the wonder of lucid realisations that astonish us with increasing intensity as they combine the unexpected and the planned.

"Extension of Reflection" is a perfect work, the synthesis every artist wants to achieve: a completed work that at the same time sums up all the architecture of a research, the constructed balance and its infinite reiteration. As in a *kōan*, the photograph takes us into that space where form and meaning, stasis and motion, *krónos* and timelessness melt together to generate contemplation, which for one eternal instant leaves us in a state of suspension.

The horizontal nature of water, asphalt, wet trails, the verticality of the sky reflected in the puddles, are combined in such a way that the accidental and intentional movement of the anonymous cyclist (Orozco himself) determine and reveal an absolute reality, breaking down the boundary that separated art from the world. The creative gesture of man happens between sky and earth; we are that cyclist who through Orozco's initiative reveals the fertile game of nature and language, image and thought, where making art is a way of being in the world, of seeing with new eyes, suggesting an undivided reality in our everyday experience.

Assoluti / Absolutes – Gabriel Orozco, Extension of Reflection, 1992

GABRIEL OROZCO
EXTENSION OF REFLECTION
1992

Courtesy of the artist
and Marian Goodman Gallery

1 — 193. Normali Meraviglie / Normal Wonders

Elisabetta Di Maggio

di / by Damiano Gullì

SENZA TITOLO
2017

Normali Meraviglie / Normal Wonders – Elisabetta Di Maggio

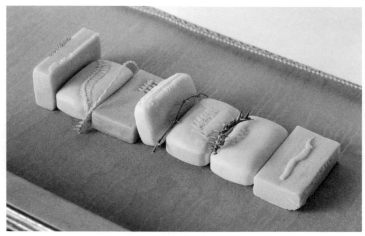

SENZA TITOLO
2017
Dettaglio/Detail

Barocco minimale. Si fonda su un ossimoro il possibile tentativo di definire la pratica di Elisabetta Di Maggio. Se circa quattrocento anni fa Giovan Battista Marino scriveva "È del poeta il fin la meraviglia", la meraviglia cui conduce Elisabetta Di Maggio non si esaurisce nel puro fenomeno o nel virtuosismo, ma s'insinua sottile nelle pieghe delle nostre certezze più radicate e le sovverte. Il primigenio *stupor* nei confronti delle sue opere suscitato dall'elevata perizia manuale, dall'attenzione al dettaglio infinitesimale, dall'insistenza sul decoro – mai fine a se stesso – trova il proprio contraltare in un *modus operandi* dagli esiti talvolta, scientemente, pressoché invisibili a un occhio distratto, così ben esemplificati in "Natura quasi trasparente", personale dell'artista nella casa-museo della Fondazione Querini Stampalia a Venezia. Qui magnifiche ossessioni e idiosincrasie – l'antropologia, la botanica, la geografia, l'urbanistica – convergono e danno vita a una macchina scenica perfetta in cui artificio e realtà, organico e inorganico, componente emozionale e dato scientifico si fondono e confondono. Nel Portego del Museo, Elisabetta Di Maggio interviene con "Edera", un'installazione delicata e potente: rami d'edera invadono l'ambiente, germinano e proliferano – infestanti e inarrestabili –, avviluppano gli arredi e dialogano mimetici con i motivi fitomorfi degli stucchi settecenteschi, quasi sostituendosi a essi. Alcuni rami sono vivi, si nutrono di terra e di acqua, ma è come se si alimentassero dello spazio stesso, della sua storia e memoria. Altri rami sono stati stabilizzati e, tagliati a mano dal bisturi dell'artista con precisione chirurgica, disvelano all'osservatore attento minuti intarsi, precisi e preziosi. Da una parte, quindi, una *natura naturans*, dinamica, nel divenire della sua perfezione, dall'altra una *natura naturata*, statica e perfettamente compiuta. La natura è sempre, e comunque, centrale nella poetica della Di Maggio. Ma non si tratta di una visione pacificata, idilliaca o acquietante. È una natura matrigna, leopardiana nella sua indifferenza nei confronti del genere umano, un'indifferenza

Minimal Baroque. A possible attempt to define the practice of Elisabetta Di Maggio can be based on this oxymoron. If four hundred years ago Giovan Battista Marino could write "the aim of the poet is wonder", the wonder revealed by Elisabetta Di Maggio is not limited to the pure phenomenon or virtuoso gesture, but sneaks subtly into the folds of our most deeply rooted certainties, subverting them. The elemental awe prompted in her works by their great manual prowess, the attention to infinitely small detail, the insistence on decoration – never as an end in itself – finds its counterpart in a *modus operandi* whose results at times are intentionally almost invisible to the hasty glance, as clearly exemplified by "Natura quasi trasparente", the solo show by the artist at the house-museum of Fondazione Querini Stampalia in Venice. Here magnificent obsessions and idiosyncrasies – anthropology, botany, geography, urbanism – converge and give rise to a perfect theatrical machine, where artifice and reality, organic and inorganic, emotional impact and scientific fact mingle and blend. In the Portego of the museum, Elisabetta Di Maggio inserts "Edera", a delicate yet powerful installation: the ivy tendrils wind their way into the space, germinating and spreading – unstoppable, invasive – coiling over the furnishings and establishing a mimetic dialogue with the botanical motifs of the 18th century stucco work, almost taking its place. Some of the branches are alive, feeding on soil and water, though it is as if they are feeding on the space itself, its history and memory. Others have been stabilised and cut by hand with the artist's scalpel with surgical precision, revealing minute, precise, precious inlays upon careful observation. So on the one hand we have a *natura naturans*, dynamic as it grows to perfection, and on the other we have a *natura naturata*, static, perfectly complete. Nature is

→   →

Normali Meraviglie / Normal Wonders – Elisabetta Di Maggio

MURO#05
2007

EDERA
2017
Dettaglio/Detail

EDERA
2017
Dettaglio/Detail

analoga a quella registrata dal biologo Clinton Richard Dawkins – fra i maggiori esponenti della corrente del neodarwinismo e del "nuovo ateismo" – ripreso e citato dall'artista: "La natura non è crudele, è solo spietatamente indifferente. […] Noi non riusciamo ad ammettere che gli eventi della vita possano essere né positivi né negativi, né spietati né compassionevoli, ma semplicemente indifferenti alla sofferenza, mancanti di scopo". Come contrappasso, la stessa Di Maggio esercita una dolce crudeltà sui materiali su cui opera: sottopone a un processo di raffinata scarnificazione le foglie (di vite, di cavolo, di faggio, di castagno), appunta con solerzia aghi da entomologo, associa la delicatezza dei vasi di Murano a spine di rosa, intaglia malleabili, e deperibili, forme di sapone minandone la morbida tattilità con ulteriori spine di rosa e di cardo. C'è un secondo, fondamentale, fattore che determina le sue opere: "Il materiale vero di cui sono fatti i miei lavori è il tempo, che spesso è un tempo lungo di realizzazione, ed è importante per me che si riconosca una gestualità quasi artigianale, come segno unico e irripetibile […]. Sul concetto di tempo declinato in tutte le sue forme ho basato la mia ricerca, tanto da far diventare il tempo stesso la vera materia del mio lavoro. La memoria e le sue stratificazioni sono sempre fonte d'ispirazione per la nostra esistenza, ci danno delle indicazioni preziose e provocano cortocircuiti mentali da cui nascono le idee".
Non si può, però, semplicemente parlare di tempo, ma di tempi. Plurimi. Stratificati. Si deve infatti considerare il tempo dedicato alla realizzazione delle opere. Lungo, dilatato. Segnato da gesti lenti derivanti da pratiche silenziose, mitiche e ancestrali, quali l'intreccio, la tessitura e il ricamo, fortemente politiche e sovversive nella loro apparente, casalinga, inoffensività. E il tempo paziente necessario per realizzare "Senza titolo": 45 metri di carta velina intagliata a mano dal 2001 al 2010. E, ancora, il tempo storico del palazzo Querini Stampalia, fatto riaffiorare già nel 2007 con l'intervento "Muro#05", intaglio in un muro della Sala Jappelli con arabeschi vegetali sviluppati a partire dallo studio di alcuni motivi decorativi estrapolati da brandelli di stoffe e drappeggi conservati nei depositi. E poi il tempo presente e mutante. E quello congelato nell'attimo, quasi alchemico, in cui le foglie recise sono immerse per giorni in una soluzione di acqua e

always, and in any case, central to Di Maggio's poetics. But this is not a pacified, idyllic or reassuring image. It is a stepmother nature, Leopardian in its indifference to the human race, an indifference similar to the one recorded by the biologist Clinton Richard Dawkins – one of the leading exponents of the current of Neo-Darwinism and the "new atheism" – referenced and quoted by the artist: "Nature is not cruel, only pitilessly, indifferent. […] We cannot admit that things might be neither good nor evil, neither cruel nor kind, but simply callous, indifferent to all suffering, lacking all purpose". In retaliation, Di Maggio herself subjects the materials with which she operates to sweet cruelty: she carries out a process of refined stripping of the flesh from leaves of grapevines, cabbages, beech or chestnut trees, diligently inserting insect pins, associates the delicacy of Murano vases with rose thorns, carves malleable and perishable forms in soap, undermining their soft tactile nature with other thorns, from roses and thistles.
There is a second fundamental factor behind her work: "The true material of which my works are made is time, which often is a long time of making, and it is important for me that the almost artisanal gesture be recognised, as a unique, irreplicable sign […]. I have based my research on the concept of time interpreted in all its forms, to the point where time itself has become the true matter of my operation. Memory and its layers are always a source of inspiration for our existence; they offer us precious indications and cause mental short circuits from which ideas are born".
We cannot, however, simply talk about time; we have to think in terms of times. Multiple. Layered. The time devoted to the making of the work. Long, dilated. Marked by slow gestures springing from silent, mythical and ancestral practices, like braiding, weaving and embroidery, potently political and subversive in their apparently innocuous domesticity. And the patient time required to make "Senza titolo": 45 metres of tracing paper cut by hand from 2001 to 2010. And, again, the historical time of the Querini Stampalia building, brought to the surface in 2007 with the project "Muro#05", a carving in a wall of Sala Jappelli with botanical arabesques developed starting with the study of several decorative motifs extrapolated from remnants of fabrics and drapes conserved in the storerooms. Then there is also the present, changing time.

→   →

TRAIETTORIA DI VOLO DI FARFALLA#09
2017

glicerina naturale che, assorbita dai vasi linfatici, reidrata il vegetale e gli conferisce nuova consistenza ed elasticità. E così via...
Di segni, tracce e simboli è fitto l'immaginario di Elisabetta Di Maggio. Si pensi alla farfalla rappresentata *in absentia* a partire dal 2011 nella serie "Traiettoria di volo di farfalla": la restituzione attraverso centinaia di spilli della traiettoria del suo volo solo all'apparenza casuale e disordinato, in realtà preciso e ben determinato perché condizionato dai movimenti che le ali dell'insetto compiono nell'aprirsi e chiudersi e dai conseguenti aggiustamenti di rotta del suo moto.
Questa serie di opere si fa metafora del "fare mondi" della Di Maggio. Quello da lei generato è un caos razionalmente controllato. Scavando, incidendo, l'artista con lucida ossessività sembra voler ricondurre tutte le cose, attraverso un'estrema semplificazione formale, a un sotteso ordine comune, una sorta di trama e ordito universali, si tratti di vasi linfatici, rizomi, nervature, frattali o di mappe di metropolitane e città – come in "TRTA (Tokyo Metro)" e "RATP (Paris Metro)", rispettivamente del 2010 e del 2011 – o di certe forme ricorsive, tanto in un corallo del Madagascar quanto in un pizzo di Burano del XIX secolo. La volontà di ordinare e tassonomizzare, sempre assecondando una personale psicogeografia, si esplicita in "Archivio", un *cabinet de curiosités* in cui la dimensione intima e privata dell'artista – con l'esposizione della sua collezione di schizzi, disegni, appunti, mappe, oggetti, ritagli, cartoline, foglie essiccate – entra in dialogo diacronico e sincronico con quella della famiglia Querini, introdotta attraverso i suoi beni – cammei, bottoni, anelli, crocifissi, monete, strumenti di misurazione, posate, piccole sculture, taccuini – conservati in un guardaroba del XVIII secolo fino a oggi precluso al pubblico. Le narrazioni di Elisabetta Di Maggio toccano il micro e il macro cosmo, catturano l'effimero e il transeunte, richiedono cura e attenzione, inducono nuove modalità di visione, facendo costante ricorso a materiali quali ceramica, vetro, foglie, carta, correlativi oggettivi dell'umana precarietà. Materiali fragili come le ali di una farfalla. E, non sarà un caso, in greco il termine *psyché* indicava sia l'insetto che l'anima. - (DG)

And the time frozen in the instant, almost alchemical, when the cut leaves are soaked for days in a solution of water and natural glycerine, which is absorbed by the lymphatic vessels to rehydrate the plant, granting it new consistence and elasticity. And so on...
Elisabetta Di Maggio's imaginary is dense with signs, traces and symbols. Just consider the butterfly represented *in absentia* starting in 2011 in the "Traiettoria di volo di farfalla" series: the depiction through hundreds of pins of a flight trajectory that is only apparently random and disorderly, but is actually precise and clearly determined because it is influenced by the movements made by the wings of the insect as they open and close, resulting in route adjustments of its motion. This series of works becomes a metaphor of Di Maggio's "world-making". She generates a rationally controlled chaos. Digging, etching, with lucid obsession the artist seems to want to bring all things back, through extreme formal simplification, to an implicit common order, a sort of universal warp and weft, be they lymphatic vessels, rhizomes, ribbing, fractals or maps of subway systems and cities – as in "TRTA (Tokyo Metro)" and "RATP (Paris Metro)", respectively from 2010 and 2011 – or certain recursive forms, in a coral from Madagascar or in a lace from Burano made in the 19th century. The desire to order and catalogue, always in keeping with a personal psychogeography, becomes explicit in "Archivio", a *cabinet de curiosités* in which the inner, private dimension of the artist – with the display of her collection of sketches, drawings, notes, maps, objects, cut-outs, postcards, dry leaves – establishes a diachronic and synchronic dialogue with that of the Querini family, introduced through its goods – cameos, buttons, rings, crucifixes, coins, measuring devices, flatware, small sculptures, notebooks – conserved in an 18th century wardrobe previously closed to the public. Elisabetta Di Maggio's narrations touch on the microcosm and the macrocosm, capturing the ephemeral and the transient. They require care and attention, and induce new modes of vision, making constant use of materials like ceramics, glass, leaves, paper, objective correlates of precarious human existence. Fragile materials like the wings of a butterfly. And, not by chance perhaps, in Greek the term *psyché* meant both the insect and the soul. - (DG)

Normali Meraviglie /Normal Wonders – Elisabetta Di Maggio

TRAIETTORIA DI VOLO DI FARFALLA#09
2017
Dettaglio/Detail

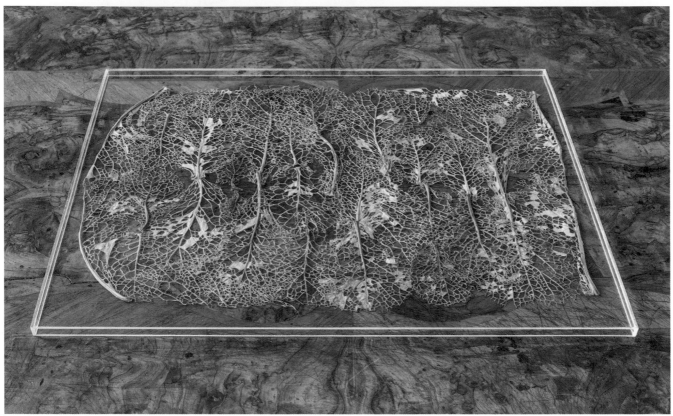

CAVOLO
2011

· · · · · · · · · ·

ELISABETTA DI MAGGIO, "NATURA QUASI TRASPARENTE"
a cura di / curated by Chiara Bertola
Fondazione Querini Stampalia, Venezia, 9.5 – 26.11.2017

Courtesy Fondazione Querini Stampalia, Venezia
Photos: Francesco Allegretto

Normali Meraviglie / Normal Wonders – Elisabetta Di Maggio

SENZA TITOLO
2001-2010

Normali Meraviglie / Normal Wonders – Elisabetta Di Maggio

I — 194. **Cromie**/Hues

Arancione/Orange

di/by **Manolo De Giorgi**

Etichetta 45 giri/45 rpm label
RCA Victor, 1969
(David Bowie, Space Oddity, 1973)

Un'etichetta di un grigio tenue gira regolare a 45 giri (al minuto) con la sua scritta RCA, e poi improvvisamente a partire dal 1969 quel grigio sparisce e il marchio della grande casa discografica si carica di un acceso arancione. Poteva questa rotazione continuare a svolgersi in grigio con la musica pop che incalzava dalle quattro latitudini degli Stati Uniti e con l'ondata di manifesti psichedelici che dalla West Coast stava colonizzando il mondo? L'arancio fa il suo ingresso sontuoso nel mondo delle merci nella seconda metà degli anni Sessanta, ma, attenzione, che arancio e arancione pari non sono. Perché se il primo ha l'aspetto tenue del frutto tipo, il secondo ha il colore più vivo dell'arancia matura ed è soprattutto questo secondo ad accendere la scena. Il colore arancione porta con sé una sorta di iper-vitalismo, di ebollizione delle sue cellule, tanto

che sembra voler travalicare il "naturale" per esprimere stati di esaltazione particolari o di violenta metamorfosi. Lo intuisce Van Gogh attorno al 1888 nel quadro raffigurante la sua camera di Arles, investendo le sedie e la toilette di un giallo carico, ma è proprio quando arriva al letto che il colore come in una mappa termografica si carica di passionalità massima e si trasforma in un arancione con cui l'artista va a verniciare un'improbabile struttura in legno. C'è dell'energia in eccesso che scorre in questo colore, segnale di trasformazioni che si indirizzano verso stati vagamente allucinatori. Quando Dave, l'astronauta di Kubrick in "2001: Odissea dello Spazio", perde completamente il controllo dell'astronave e inaugura il misterioso viaggio verso la Porta delle Stelle, l'arancione sarà il tono guida di questa epopea nel nulla.

→

Aereoporto di Schipol / Schipol Airport, Amsterdam
Progetto grafico / Graphic design
Benno Wissing e / and Kho Liang Ie, 1967
Courtesy Total Design / Total Identity

The Why Factory Tribune
MVRDV
TU Delft, Delft, 2009
© Rob 't Hart

La stanza / The Bedroom
Vincent Van Gogh
1888
Van Gogh Museum, Amsterdam
© Mondadori Portfolio / Akg Images

A pale grey label spins at 45 rpm, bearing the inscription RCA, and then suddenly, starting in 1969, that grey disappears and the logo of the major record company lights up in bright orange. How could that rotation continue to spin in grey, with the pop music that was spreading across the United States and the wave of psychedelic posters that were colonizing the world from the West Coast?

Orange makes its sumptuous entrance in the world of merchandise in the second half of the 1960s, but we have to be careful… not all oranges are created equal. There is the typical pale tone of the fruit, and the rich, darker hue of ripeness. It is the latter, for the most part, that ignites things. Deep orange brings a sort of hyper-vitalism, of boiling cells, seeming to go beyond "nature" to express particular states of exaltation or violent metamorphosis.

Van Gogh understood this, around 1888, in the painting of his room in Arles, with its forceful chairs and dressing table in vivid yellow, while it is precisely when he reaches the bed that the colour, as in a thermographic map, is charged with maximum passion, transforming into an orange with which the artist coats an improbable wooden structure.

Excess energy pulsates through this colour, a signal of transformations headed towards vaguely hallucinatory states. When Dave, Kubrick's astronaut in "2001: A Space Odyssey" has completely lost control of his ship and begins his mysterious voyage towards the Star Gate, orange is the guiding tone of this epic in the void.

In the approximately 9 minutes of the "trip" into the unknown, similar to a psychedelic experience triggered by the use of LSD, Kubrick alters the American landscape

→

2001: Odissea nello Spazio / 2001: A Space Odyssey
Stanley Kubrick
1968
Still da film / Film still

Nei circa 9 minuti che costituiscono il "trip" verso l'ignoto simile a un'esperienza psichedelica che si compie con l'aiuto dell'LSD, Kubrick altera il paesaggio americano per adeguarlo a una visione interstellare attraverso un arancione che si presta benissimo al trucco. Il paesaggio filmato dell'Arizona e della Monument Valley si tramuta così in un tunnel di una luce liquida aranciata con la quale vengono trasfigurati canyon, laghi, picchi di catene montuose, in un bombardamento ottico che assorbe totalmente.
Curioso come questo colore sembri accomunare tutti, inclusi i gruppi che stanno agli estremi opposti della catena sociale. Industrie multinazionali e comunità underground si ritrovano coinvolti nell'arancione per ragioni diverse ma tutti entusiasticamente convinti che sia il luogo artificiale per eccellenza della contemporaneità e il trampolino verso

il non-conosciuto (sia esso il nuovo di una società industriale avanzata o di una civiltà sociologicamente da scardinare nelle sue istituzioni e strutture di parentela).
Per l'industria l'arancione coincide con i granuli con i quali si può ormai agevolmente produrre a iniezione una sedia "tutta-in-plastica", per il mondo underground è il colore che si lega agli allucinogeni e alla ricerca di stati di sensibilità allargata della nostra psiche. E allora si può anche cavalcare questa ambiguità tra cultura industriale e cultura giovanile attraverso un prodotto. È quanto propone l'intuito motociclistico italiano della Ducati che per avvicinarsi alla cultura pop americana e a quel mercato inventa nel 1968 la linea Scrambler, una via di mezzo tra una moto da strada e una moto da fuoristrada, un *enduro*, parola magica che illustra bene il nuovo spazio libertario dell'entro-fuori strada.

→

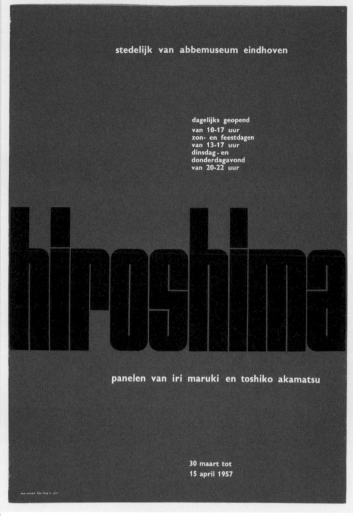

Hiroshima
poster di/by Wim Crouwel e/and Kho Liang Ie
Stedelijk Van Abbemuseum, Eindhoven, 1957
Courtesy Total Design / Total Identity

to adapt it to an interstellar vision by means of an orange that lends itself perfectly to the ploy. The filmed landscape of Arizona and Monument Valley thus transmutes into a tunnel of orangey liquid light with which canyons, lakes, mountain chains are transfigured in an optical bombardment that is totally absorbing.

It is curious how this colour seems to bring everyone together, including groups existing at the opposite ends of the social chain. Multinational corporations and underground communes find themselves involved in orange for various reasons, but they are all enthusiastically convinced that it is the artificial place par excellence of the contemporary, the launching pad towards the unknown (be it the new aspects of an advanced industrial society or of a civilization sociologically in need of disruption of its institutions and structures of kinship).

For industry, orange coincides with the granules with which it becomes easy to produce an "all plastic" chair by means of injection; for the underground world it is the colour connected with hallucinogens and the pursuit of expanded and altered states of the psyche. And then it is also possible to ride this ambiguity between industrial culture and youth culture through a product, which is just what the intuition of the Italian motorcycle manufacturer Ducati sets out to do, attempting to approach American pop culture and the market by inventing the Scrambler line in 1968, halfway between a road bike and an off-road vehicle, an *enduro*, the magic word that aptly illustrates the new libertarian space of on-off the road. The Scrambler was orange (or yellow) in the 200, 350 and 450 cc versions. In a world accustomed to a range of double-breasted colours like those of English industry with

→

Il Tondorante
Mario Bellini
Bard, Italia, 1968
Courtesy Mario Bellini Architects

La Scrambler sarà arancio (o gialla) nelle versioni 200, 350 e 450 di cilindrata. Abituati a una gamma di colori in doppiopetto come quella dell'industria inglese che si muove tra l'argento, il grigio e il nero, queste nuove tonalità suggeriranno un uso più canzonatorio delle due ruote, che avrà il suo picco nella caricatura dello scooter a opera di Lucio Bertone con il "Lui": tutto in plastica arancione! Basta poco con l'arancione ad alzare il tono delle cose: una strisciata o una linea arancione sono secchi evidenziatori di forte accelerazione. Nei disegni di Joe Colombo a china o a matita compare sempre da qualche parte un'annotazione o una correzione nella forma violenta del pennarello arancione. L'arancione è il fedele compagno per la sua visione futuribile che il designer spruzza segnaleticamente sui suoi oggetti,

sulle calotte di alcune sue lampade, sui suoi ambienti, sulle poltrone in compensato per Kartell.
Nel confronto ravvicinato col giallo a contendersi la palma del colore più caldo si determina una profonda differenza: quello era la modernità degli anni Venti-Trenta, colore primario equilibrato tra colori primari della cultura del Bauhaus, questo è il colore sintetico, artificiale e "fuori controllo" dell'advertising del dopoguerra.
L'arancione interpreta il momento bruciante, l'istantaneo ad alta gradazione e ci porta in un attimo verso il fondo orfico delle cose, preparandoci a un piccolo baccanale del XX secolo. E attraverso una leggera violenza sull'occhio alla quale ci assoggettiamo volentieri ci ricompensa sul versante culturale illudendoci di rimanere sempre agganciati al Moderno. – (MDG)

Floris chair
Günter Beltzig
1967

© Günther Beltzig

Lambretta Lui
Nuccio Bertone
Innocenti, 1968

Courtesy Museo Scooter&Lambretta
di Rodano

Sacco
Piero Gatti, Cesare Paolini,
Franco Teodoro
Zanotta, 1968

Tube Chair
Joe Colombo
Flexform, 1969 (Cappellini, 2016)

Photo: Walter Gumiero

Scrambler 350
Ducati, 1970

Courtesy Ducati

Divisumma 18
Mario Bellini
Olivetti, 1972

Courtesy Mario Bellini Architects
Photo: Ezio Frea

its taste for silver, grey and black, these new tones suggested a more carefree use of two-wheelers, leading to the high point of the scooter caricature "Lui" by Lucio Bertone: entirely in orange plastic!

Just a little bit of orange will suffice to raise the tone of things: an orange stripe or line is a clear sign of rapid acceleration. In the drawings of Joe Colombo in ink or pencil, somewhere we always find a note or a correction made with the violence of an orange marker. Orange is the loyal companion for his futuristic vision, which the designer sprays like signage on his objects, on the tops of some of his lamps, on his spaces, on the plywood armchairs for Kartell.

In the close face-off with yellow, competing for the status of the warmest colour, a deep difference emerges: yellow as the modernity of the 1920s and 1930s, the balanced primary colour between primary colours of the Bauhaus culture, while orange is the synthetic, artificial and "out-of-control" colour of postwar advertising.

Orange conveys the moment of combustion, the high-temperature snapshot, taking us instantly towards the Orphic basis of things, readying us for a small 20th century bacchanal. And through a slight aggression on the eye to which we willingly subject ourselves, it rewards us on the cultural side, granting us the illusion of always being engaged with the Modern. – (MDG)

I — 195. Bagatelle

Pólvere / Dust

di / by **Marta Elisa Cecchi**

La polvere, silenziosa, ci parla.

Discreta ma costante presenza, la polvere è materia che permane e diviene memoria. Ciò che percepiamo è solo un attimo del perpetuo mutare della materia, che si trasforma e cambia aspetto continuamente, passando da pulviscolo leggero e sottile a sedimento spesso e pesante.

La "grigia materia", dalla natura ambigua e sfuggente, è solo per pochi motivo di attrazione. Sono in molti, infatti, a connotarla negativamente, a ignorarla, fino a relegarla ai margini pur di non vederla. La polvere non è né addomesticabile né ammansibile, ma soprattutto non è facilmente comprensibile. Il senso e il fine della polvere ci sfuggono e detestiamo doverci rassegnare alla sua inevitabile esistenza, che offusca e appanna la realtà che ci circonda.

L'arte, ancora una volta, ci fa riflettere e cambia ogni prospettiva.

Marcel Duchamp abbandona per un anno la celebre opera "Le Grand Verre", che "si limita" così ad accumulare polvere e niente di più: nella foto che la ritrae di Man Ray, "Élevage de poussière", la "grigia" si mostra così come è, senza necessità di ricorrere a metafore e rappresentazioni.

La polvere sedimentata allora emerge, prende forma e a poco a poco si palesa alla vista come vasta superficie desertica, quasi extraterrestre, imprevista e insolita. La chiave di lettura sta nell'ambiguità generata dallo scatto fotografico, in cui non è più comprensibile la scala di lettura.

Passando dal macro al micro, *La polvere nell'arte* è il libro scritto da Elio Grazioli[1] che racconta la presenza della polvere nell'arte dall'età moderna fino ai giorni nostri. La sua analisi si conclude proprio con un inedito "allevamento di polvere" formatosi successivamente allo schianto dei due aerei sulle Torri Gemelle l'11 settembre 2001, immortalato per sempre nel video dell'artista Wolfgang Staehle che si trovava lì, casualmente, per filmare lo skyline di New York. Una grande nuvola bianca avvolse completamente la città, soffocandola e imprigionandola per un lungo tempo.

Polvere fatale e memento mori, tutto ricopre e sotterra.

Jean Dubuffet fu uno dei grandi padri della polvere.

Egli lavorava utilizzando materiali trascurati, sporchi e di

Silently, dust speaks to us.

A discreet but constant presence, dust is matter that remains and becomes memory. What we perceive is but an instant in the perpetual mutation of matter, which is transformed and continuously changes its appearance, passing from light, subtle airborne particles to thick, heavy sediment.

This "grey matter" with its fleeting, ambiguous nature is found attractive only by the few. Many take a negative view, relegating it to the outskirts in order not to see it. Dust cannot be tamed, but above all it is hard to understand. The meaning and purpose of dust escape us, and we hate the fact that we have to resign ourselves to its inevitable existence, which clouds and blur the reality around us.

Once again, it is art that makes us think and changes our perspective.

Marcel Duchamp let his famous work "Le Grand Verre" lie dormant for a year, "simply" allowing it to gather dust. In the photograph by Man Ray "Élevage de poussière" the "grey" displays itself as it is, without any need for metaphors and representations.

The layered dust thus emerges, takes form and gradually presents itself to view like a vast desert, almost extra-terrestrial, unexpected and unusual. The key of interpretation lies in the ambiguity generated by the taking of the photograph, in which the scale is no longer understandable.

Passing from the macro to the micro, *La polvere nell'arte* is the book written by Elio Grazioli[1] that narrates the presence of dust in art from the modern era to our epoch. His analysis concludes precisely with an original "breeding ground" of dust formed after the crash of the two airplanes at the World Trade Center on September 11, 2001, immortalised in the video by the artist Wolfgang Staehle who happened to be there to film the New York skyline. A big white cloud completely wrapped the city, suffocating it and imprisoning it for a long time.

Fatal dust, memento mori, covers and buries everything.

Jean Dubuffet was one of the great fathers of dust. He worked by using neglected, dirty waste materials, because he saw an alternative, honest, unusual beauty in them that deserved and desired its own nobility.

ROEE ROSEN
The Dust Channel
2016
Digital video, colour,
sound, 23 min.

Courtesy galleria Riccardo Crespi
and the artist

scarto, perché in essi vedeva una bellezza alternativa, onesta, non consueta, meritevole e desiderosa di essere nobilitata. La sua missione era chiara: la polvere, ritenuta la materia più brutta e volgare fra tutte, è soprattutto "diversa". Diversa dall'uomo, dalle sue abitudini e dalle convenzioni. Diversa soprattutto perché lontana da una prospettiva antropocentrica, assolutamente antiumanistica e intrinsecamente libera. La "sporca" si emancipa addirittura dall'avere una funzione specifica e dall'essere utile a qualcuno. Semplicemente esiste. Tra gli autori contemporanei troviamo le figure di Claudio Parmiggiani e Franco Guerzoni, che hanno trattato il tema della polvere, ciascuno con il proprio stile e le proprie peculiarità, in una chiave più poetica, velandola di un senso di mistero e magia. La polvere assume qui un fascino silenzioso e fragile, delicatamente sospesa nel tempo. Maria Elisabetta Novello, Gian Maria Tosatti e Vincenzo Castella, insieme a Zhang Huan, Hannah Bertram e Roee Rosen sono gli artisti che, nel panorama contemporaneo hanno elevato la "grigia" a loro materiale privilegiato. Nell'eterogeneità delle opere realizzate troviamo lavori di denuncia, che vogliono essere una riflessione su ciò che ci circonda, e altri più delicati, quasi solo accennati: polvere come patina leggera che si adagia delicata sulle cose e sulle superfici, ricalcandone le forme, senza mai possederne una propria. Il tema della polvere è quindi presente, vivo e costantemente indagato dall'uomo e dall'artista. La ragione di questa tensione artistica verso una materia tanto peculiare potrebbe risiedere nel timore che essa è capace di suscitare in noi, in quanto rappresentazione e metafora dell'origine e della fine delle creature viventi, specchio del nonsenso della nostra esistenza. Forse ancora la ragione sta nel suo fascino riservato, la cui effimera presenza ammalia a ogni singolo raggio di luce che filtra dalla finestra. La polvere, silenziosa, ci parla.

His mission was clear: dust, considered the ugliest and most vulgar of all materials, is above all "different". Different from man, from his habits and conventions. Different especially because it is far from an anthropocentric perspective, absolutely anti-humanist and intrinsically free. Dirt even frees itself of any specific function, of the need to be useful to someone. It just exists. Among contemporary interpretations, we find the figures of Claudio Parmiggiani and Franco Guerzoni, who have approached the theme of dust with their own respective styles and stances, in a more poetic way, veiling it with a sense of mystery and magic. Dust takes on a silent, fragile charm, delicately suspended in time. Maria Elisabetta Novello, Gian Maria Tosatti and Vincenzo Castella, together with Zhang Huan, Hannah Bertram and Roee Rosen, are artists on the contemporary scene who have raised the "grey" to the status of a preferred material. In the variety of works we find pieces that set out to reveal and reflect on what surrounds us, as well as other more delicate, almost simply hinted creations: dust as a light patina that rests delicately on things and surfaces, replicating their forms without having any form of its own. So the theme of dust is there, alive, constantly investigated by human beings, by artists. The reason for this artistic leaning toward such a particular material might lie in the fear it is able to provoke in us, as the representation and metaphor of the origin and end of living things, mirror of the non-sense of our existence. Maybe the reason also lies in its quiet charisma, whose temporary presence seems to captivate each ray of light that enters through the window. Silently, dust speaks to us.

Bagatelle – Polvere / Dust

1) Elio Grazioli, *La polvere nell'arte*, Bruno Mondadori, Milano 2004

NACHO CARBONELL

Fleeting Clocks
2009

"Fleeting Clocks" sono una serie
di "orologi" che misurano il tempo
in maniera differente, con un ciclo
di vita limitato e definito,
senza possibilità di essere
ricaricati. L'opera è costituita
da un blocco in pietra che ruotando
su se stesso viene ripetutamente
scalfito da un elemento esterno
che grattando sulla superficie
in movimento penetra, strato dopo
strato, all'interno, polverizzando
e consumando definitivamente
l'oggetto. / The "Fleeting Clocks"
are a series of "clocks" that
measure time in a different way,
with a limited, pre-set life
cycle, without the option of
rewinding. The work is composed
of a stone block that rotates
and is repeatedly chipped by an
external part that scrapes the
surface, gradually penetrating,
layer after layer, to definitively
pulverise and consume the object.

Courtesy the artist

JONATHAN SCHIPPER

To Dust
2009

Appese a una struttura e collegate a un meccanismo,
queste due sculture, sospese nel vuoto, lentamente
si polverizzeranno a vicenda. Urto dopo urto
cadranno in frantumi, perdendo forma e consistenza.
/ Hung on a structure and connected to a mechanism,
these two sculptures suspended in the void slowly
pulverise each other. Impact after impact they will
fall to pieces, losing their form and solidity.

Courtesy Jonathan Schipper

TRISH SCOTT

Inventory of a Dust Piles
2010

Quando la polvere cessa di
essere una materia misteriosa ed
eterogenea? Quando viene ordinata
e classificata nelle singole
particelle che la compongono.
Questo è ciò che fa l'artista
londinese Trish Scott. Nella sua
performance, separa, seleziona
e distingue le oltre 2453
componenti di un piccolo cumulo
precedentemente raccolto.
La polvere viene quindi spogliata
di ogni ambiguità per essere resa
comprensibile e catalogabile.
/ When does dust stop being
a mysterious and heterogeneous
material? When it is ordered
and classified according to its
individual particles. This is the
operation of London-based artist
Trish Scott. In her performance
she separates, selects and
identifies over 2453 parts
of a small pile of previously
gathered dust. The dust is thus
stripped of any ambiguity,
becoming comprehensible and
subject to classification.

Courtesy the artist © Trish Scott

MAREK MILDE

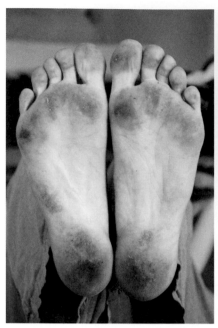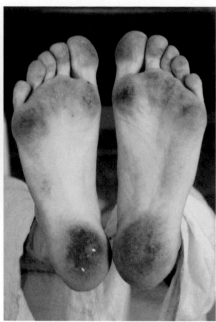

Bodies Buddies
Dal/Ongoing since 2008

Polvere che racconta di persone e ambienti
domestici. In questa serie di scatti
Milde realizza ritratti originali dei suoi
affetti più cari e dei luoghi in cui essi
vivono, mostrando la polvere sulla pianta
dei propri piedi, raccolta camminando
scalzo nei loro appartamenti. / Dust that
narrates people and domestic environments.
In this series of photographs Milde makes
original portraits of his loved ones and
the places in which they live, showing us
the dust on the soles of his own feet,
gathered by walking barefoot in their
apartments.

Courtesy the artist © Marek Milde

MICHAEL ROSS

The Smallest Type of Architecture for the Body Containing
the Dust From My Bedroom, My Studio, My Living Room,
My Dining Room, My Kitchen and My Bathroom
1991

La polvere, raccolta nelle varie stanze della casa viene
introdotta e custodita all'interno di un ditale da cucito.
Michael Ross è un artista particolare, definito da alcuni
come "lo studioso del piccolo regno", famoso nel creare
minuscole sculture utilizzando materiali di tutti i giorni,
accompagnate da titoli lunghi ed estremamente eloquenti.
/ Dust gathered in the various rooms of the house is inserted
and stored inside a thimble. Michael Ross is an unusual
artist, defined by some as a "scholar of the tiny kingdom",
known for his minute sculptures made with everyday materials,
accompanied by long and very eloquent titles.

Stedelijk Museum voor Actuele Kunst - S.M.A.K., Ghent, Belgium
Courtesy Michael Ross

ANDREA ANASTASIO

RIVANE NEUENSCHWANDER

Impermanenze
2017

Tutto è passeggero e niente è
eterno. La polvere rappresenta
la transitorietà della vita e
in questo "paesaggio sereno"
ne è la protagonista. Stickers
adesivi di forme diverse
trattengono la polvere e i peli
raccolti qua e là. La composizione
è il risultato di un lavoro
di stratificazione, calibrato
e attento, che instaura un forte
dialogo con lo spazio allestitivo,
di cui è figlia. / All things
pass, nothing is eternal. Dust
represents the transient nature
of life, and it is the protagonist
of this "serene landscape".
Stickers of different forms capture
the dust and hairs gathered here
and there. The composition is
the result of carefully gauged
stratification, establishing a firm
dialogue with the space of display
of which it is the offspring.

Photo: Alice Fiorilli
Courtesy Galleria Luisa Delle Piane

O trabalho dos dias / Day's Work
1998

Presentata alla Biennale di San Paolo nel 1998,
questa installazione è composta da una serie
di pareti rivestite di pellicola adesiva che
raccoglie le infinite particelle di polvere
presenti nell'aria, sollevate dal movimento delle
persone che attraversano lo spazio. L'ambiente,
giorno dopo giorno, prende vita e si colora
di polvere. / Presented at the São Paulo Art
Biennial in 1998, this installation is composed
of a series of walls covered with an adhesive
film that gathers the infinite particles of dust
from the air, raised by the movement of the
people crossing the space. The room, day after
day, takes on life and is coloured by dust.

Photo: Juan Carlos Perez Guerra
Courtesy the artist, Tanya Bonakdar Gallery;
Galeria Fortes Vilaça; Stephen Friedman Gallery

Bagatelle – Pólvere / Dust

CLAIRE HEALY e/and SEAN CORDEIRO

Photo: Claire Healy e/and Sean Cordeiro

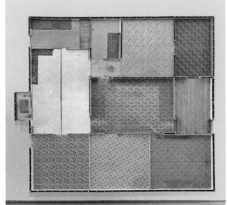

Photo: Natasha Harth

Not Under My Roof
2008

"Not Under My Roof" è un'opera imponente:
come un quadro, il pavimento di una
vecchia casa abbandonata viene capovolto
e appeso al muro. L'opera sembra un vero
e proprio scavo archeologico in cui è
possibile leggere e riconoscere le tracce
delle persone che lo hanno percorso e che
vi hanno camminato. La moquette sporca,
le piccole riparazioni negli angoli e le
crepe sono la testimonianza dell'esistenza
di una famiglia. / "Not Under My Roof" is
an imposing work: like a painting, the
floor of an old abandoned house is lifted
and hung on the wall. The work seems
like a true archaeological dig where it
is possible to glimpse and recognise the
traces of people who have walked across
the rooms. The dirty carpeting, the small
repairs at the corners and the cracks bear
witness to the existence of a family.

Courtesy Roslyn Oxley9 Gallery

MONA VATAMANU e/and FLORIN TUDOR

Dust Square
2008

Nel bianco candido, un grigio quadrato di polvere
si staglia al centro della parete dello spazio
espositivo. La figura risulta estranea, non dialoga
con il contesto e prepotentemente si impone con
la sua diversità. "Dust Square" rappresenta la
critica ai luoghi dell'arte, che troppo spesso
si limitano a seguire le tendenze del momento,
invece di valorizzare opere e artisti latori di
messaggi "altri", differenti e a volte scomodi. La
polvere in questa opera è quindi utilizzata come
materia di denuncia, simbolo della marginalità
e dell'insofferenza dell'artista. / In the pale
whiteness, a grey square of dust stands out at the
centre of the wall of the exhibition space. The
figure seems foreign, having no dialogue with the
context, aggressively asserting its diversity. "Dust
Square" is a critique of the places of art, which
all too often simply follow the trends of the moment
instead of bringing out the value of works and
artists that are bearers of "other", different, at
times discomfiting messages. Therefore in this work
dust is used as a material of protest, a symbol of
the marginal status and intolerance of the artist.

Mostra/Exhibition "Ravaged: Art and Culture in Times of Conflict",
M - Museum, Leuven, Belgium, 2014
Courtesy the artists

GOSIA WLODARCZAK

LUCA PANCRAZZI

Dust Cover Studio Chair
con/with
I do not live here anymore,
Dust Cover,
Between Visit & Migration
2010

L'idea nasce dall'abitudine, propria di alcuni,
di coprire gli arredi della casa con lenzuoli,
prima di partire per le vacanze. La polvere,
al ritorno, si è accumulata per gravità
in alcune zone specifiche. L'artista ricrea
l'effetto della polvere sedimentata sul tessuto,
che ricalca la forma dell'oggetto sottostante.
/ The idea comes from the habit – shared
by some – of covering furniture in the home
with sheets before departing for a vacation.
After the journey, the dust has accumulated,
due to gravity, in certain specific zones.
The artist recreates the effect of the dust
that settles on the fabric, replicating
the form of the object below.

Installazione presso/Installation view
Greene Street Studio, New York, USA
Photo: Longin Sarnecki
Courtesy the artist
and Australia Council for the Arts

Polvere contemporanea 1
Polvere contemporanea 2
Polvere contemporanea 3
2002

Una serie di tre macro fotografie, scattate da Luca Pancrazzi, raccontano di superfici impolverate,
e diventano poi protagoniste dell'articolata performance "Polvere contemporanea (CMYK). Quartetto per
tecnologia obsoleta e fuori registro", condotta con Steve Piccolo, Gak Sato e Luca Gemma: una macchina
offset, obsoleta e ferma da anni, stampa con difficoltà la prima delle fotografie, quasi sostenuta nel
suo sforzo ritmico dai performer, in un processo produttivo che "si inceppa con la polvere", e in una
sorta di "sabotaggio naturale" che il tempo opera depositando e stratificando piccoli granelli di polvere.
/ A series of three large photographs taken by Luca Pancrazzi narrate dusty surfaces, and become the
protagonists of the performance "Polvere contemporanea (CMYK). Quartetto per tecnologia obsoleta e fuori
registro", done with Steve Piccolo, Gak Sato and Luca Gemma: an offset press, obsolete and out of use
for years, struggles to print the first of the three photos, almost encouraged by the rhythmical efforts
of the performers, in a production process that gets "jammed by dust", and in a sort of "natural sabotage"
inflicted by time, depositing and layering fine particles.

Courtesy the artist and AssabOne

ANDREAS HALD OXENVAD

Dust Sculpture
2013

Da un volume sospeso, ogni 40 secondi, cade
sul pavimento una leggera quantità di polvere
scura, che il pubblico - per attraversare una
tenda nera che divide due ambienti - deve
calpestare. Opera misteriosa e inquietante,
attraverso cui l'artista si interroga sul
significato della nostra esistenza. Cosa
rimane dopo il nostro passaggio sulla terra?
Forse solo un residuo di polvere. / From
a suspended volume, every 40 seconds a small
quantity of dark powder falls to the floor,
which the audience - to cross a black curtain
dividing two spaces - has to tread on.
A mysterious and disquieting work, through
which the artist wonders about the meaning of
our existence. What remains after our passage
on the earth? Perhaps only a residue of dust.

Atelier Hotel Pro Forma, København, Denmark
Courtesy the artist

GABRIEL OROZCO

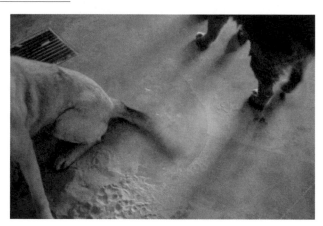

Dog Circle
1995

Orozco ha la capacità, tipica dei grandi artisti,
di catturare e mostrare la bellezza inaspettata e
spontanea del quotidiano. Il movimento distratto
della coda di un cane disegna, sulla superficie
polverosa, dei cerchi definiti, quasi perfetti.
La coda dell'animale, come il compasso, traccia
l'impronta e lascia un segno nella polvere. / Orozco
has the ability typical of great artists to capture
and display the unexpected, spontaneous beauty of
everyday life. The distracted movement of the tail
of a dog draws clear, almost perfect circles on a
dusty surface. The animal's tail, like a compass,
traces an imprint, leaving a sign in the dust.

Courtesy of the artist and Marian Goodman Gallery

JORGE OTERO-PAILOS

Courtesy of Jorge Otero-Pailos

The Ethics of Dust
2008

Le opere di Otero-Pailos, ispirate al pensiero di Ruskin, si concentrano sull'importanza di preservare la patina del tempo che si deposita sulle superfici dei palazzi. Otero però non si limita unicamente a riportare alla luce il sottile strato di sedimenti, polvere e tempo che avvolgono gli edifici, ma trasforma un'operazione di restauro in opera d'arte. La polvere è qui materia espressiva e significante, impronta del corpo del monumento che ne ricalca le forme. "The Ethics of Dust" è quindi la maschera, che copre e al contempo svela, e la sacra sindone dei giorni nostri. / The works of Otero-Pailos, inspired by the thinking of Ruskin, concentrate on the importance of conserving the patina of time that settles on the surfaces of buildings. He does not simply bring to light the thin layer of sediment, dust and time that wraps buildings, but also transforms the restoration operation into a work of art. Here dust becomes an expressive, meaningful material, the imprint of the body of the monument that reproduces its forms. "The Ethics of Dust" is thus the mask that covers and reveals at the same time, the holy shroud of our time.

Courtesy of Jorge Otero-Pailos

"The Ethics of Dust: Doge's Palace", 2009
Mostra/Exhibition 53ª Esposizione Internazionale d'Arte della
Biennale di Venezia/53th International Art Exhibition of the Venice Biennale
Collezione/Collection Thyssen-Bornemisza Art Contemporary Foundation T-BA21

Jorge Otero-Pailos al lavoro in/working in the
Alumix Factory, Bolzano, 2008
Mostra/Exhibition "Manifesta 7"

"The Ethics of Dust: Maison de Famille Louis Vuitton", 2015
Dettaglio/Detail
Foundation Louis Vuitton

"The Ethics of Dust: Westminster Hall", 2016
Palace of Westminster, London

IGOR ESKINJA

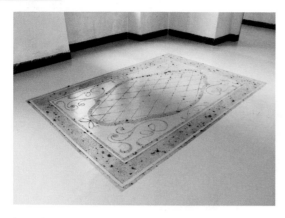

Project for Untitled Piece
2008

Un'opera estremamente delicata che
svanisce sotto i nostri occhi e sotto
i nostri piedi. Talmente silenziosa da
essere calpestata, talmente effimera da
essere solo accennata nel disegno e nella
forma. Eskinja riflette sulla percezione
dello spazio e indaga il confine
sottile tra la rappresentazione di cose
e oggetti comuni e la loro concreta
presenza, capace di generare confusione
e spaesamento. / An extremely delicate
work that vanishes before our eyes and
under our feet. So silent that it can be
trod upon, so ephemeral that it can only
be hinted at in the design and in the
form. Eskinja reflects on the perception
of space and investigates the fragile
borderline between the representation
of common things and objects and their
concrete presence, capable of generating
confusion and disorientation.

Mostra/Exhibition "Manifesta 7", Rovereto, Italia
Courtesy Private Collection, Biella
/ Federico Luger (FL Gallery)

ELINA KATARA

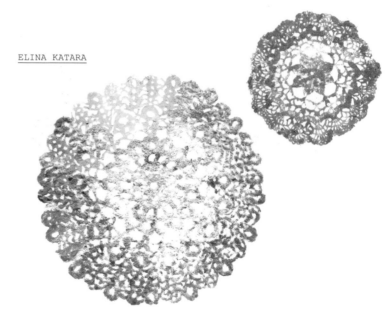

Mandalas
2010

Nella religione buddista e induista, il mandala
è la rappresentazione simbolica del cosmo e viene
realizzato con intrecci di fili su telaio o con
polveri di vario colore sul suolo. In quest'opera
il mandala è costituito da polvere domestica,
raccolta dall'artista nella propria abitazione.
L'atto ripetitivo nell'intrecciare i sottili
batuffoli di polvere permette di perdersi nei
propri pensieri; il caos allora viene regolato
e comprendiamo finalmente di non essere altro
che polvere. / In the Buddhist and Hindu religions
the mandala is a symbolic representation of
the cosmos, made with threads woven on a frame
or with dust of different colours on the ground.
In this work the mandala is made with domestic
dust, gathered by the artist in her own home.
The repetitive act of weaving the little balls
of dust makes it possible to get lost in one's
thoughts; chaos is thus regulated, and we finally
understand that we are nothing but dust.

Photo: Elina Katara

DOROTHY GRAY DESIGN STUDIO

Chiedi alla polvere
2009

Un disegno particolare si cela, discreto, in un luogo di passaggio. Eppure passo dopo passo l'immagine prende colore e forma grazie alla pellicola adesiva che intrappola la polvere presente sotto le suole delle scarpe dei passanti. L'escamotage, un leggìo sopra cui è posto un libro aperto, si trova al centro dell'installazione. Il testo è quindi motivo di attrazione e curiosità e il visitatore avvicinandosi partecipa inconsapevolmente alla creazione dell'opera. / A particular design is discreetly inserted in a place of passage. Step by step, the image takes on colour and form thanks to an adhesive film that traps the dust from the soles of the shoes of passers-by. The trick is a lectern bearing an open book, at the centre of the installation. Curiosity about the text leads visitors to unwittingly take part in the creation of the work.

Installazione presso/Installation view
Vernice Art Fair, Forlì
Courtesy Dorothy Gray Design Studio

WILLIAM KENTRIDGE

Triumphs and Laments
2016

La storia di Roma raccontata in 500 metri, lungo le sponde del fiume Tevere. Un'installazione temporanea, *site-specific*, realizzata attraverso la "sottrazione" della patina di polvere sedimentata sulla pietra, che rivela la superficie sottostante e fa emergere i colori originari. La rimozione della materia polverosa svela forme e racconti dimenticati. / The history of Rome narrated in 500 metres along the banks of the Tiber River. A temporary site-specific installation made through the "subtraction" of the patina of dust gathered on stone, revealing the surface below and making the original colours emerge. The removal of dusty matter unveils forgotten forms and stories.

Photo: Leotta
Courtesy Galleria Lia Rumma, Milano-Napoli

Bagatelle – Pólvere/Dust

LUCIE LIBOTTE

Dust matter(s)
2014-2016

L'idea della polvere viene istintivamente associata ad ambienti sporchi e trasandati. Ne consegue
il desiderio costante di volersi liberare dalla presenza della polvere, rimuovendola completamente
da ogni spazio e superficie. L'artista belga Lucie Libotte decide invece di raccoglierne diversi
campioni da una serie di abitazioni private, osservandone e analizzandone le diverse componenti.
La polvere raccolta si traduce in un insolito strato di rivestimento di oggetti in ceramica.
Con "Dust matters(s)", la designer crea una gamma di vasi unici e originali, che consentono
di visualizzare i diversi ambienti campionati e che raccontano la storia della loro provenienza.
/ The idea of dust is instinctively associated with dirty, neglected places. The result is a
constant desire to free us of its presence, removing it completely from every space and surface.
The Belgian artist Lucie Libotte, on the other hand, decides to gather different dust samples
from a series of private homes, observing them and analysing their various components. The collected
dust is translated into an unusual layer to cover ceramic objects. With "Dust matters(s)" the
designer creates a range of unique, original vases that make it possible to view the various
sampled environments, narrating their own background.

Courtesy Lucie Libotte

ÁGÚSTA SVEINSDÓTTIR

Dust ring
2014

Frutto di una ricerca sul valore della materia e sulla
sua costante trasformazione, questi gioielli permettono
un'esperienza unica e irripetibile. Ágústa Sveinsdóttir è una
designer islandese che ha raccolto la polvere trovata in luoghi
abbandonati, trasformandola in elemento decorativo per una
serie di anelli e bracciali. Il rivestimento biodegradabile
che contiene le particelle polverose con il tempo si deteriora,
rivelando la struttura metallica sottostante e la fragile
bellezza del tempo. / The result of research on the value
of material and its constant transformation, this jewellery
offers a unique, unrepeatable experience. Ágústa Sveinsdóttir
is an Icelandic designer who has gathered dust from abandoned
places, transforming it into a decorative element for a series
of rings and bracelets. The biodegradable covering that
contains the dust particles gradually deteriorates, revealing
the structure below and the fragile beauty of time.

Photo: Ágústa Sveinsdóttir

ELSA LECOMTE

Robe poussière
2004

MAREK MILDE

The Real Deal
2007

"The Real Deal" è un'opera divertente, ironica
e provocatoria, creata attorno all'ossessione
moderna per la pulizia estrema e la fobia dello
sporco. Questo oggetto a forma di saponetta, fatta
di sapone e polvere, rappresenta un ossimoro:
la possibilità di pulirsi e sporcarsi allo stesso
tempo, con gli stessi gesti e con il medesimo
strumento. / "The Real Deal" is an amusing, ironic
and provocative work created around the modern
obsession with extreme cleanliness and the fear
of dirt. This object in the form of a bar of
soap made of soap and dust embodies an oxymoron:
the possibility of cleaning and dirtying yourself
at the same time, with the same gestures and the
same tool.

Courtesy the artist © Marek Milde

Gli abiti di Elsa Lecomte sono
sculture paradossali, di rara
poesia e dalle forme originali, che
sembrano essere usciti dal mondo
delle favole. L'artista esplora un
universo curioso, fatto di sacchetti
per aspirapolvere e materiali di
recupero. Questi indumenti ci inducono
a riflettere sul tema del riciclo e
del lento esaurimento delle risorse
naturali come conseguenza delle nostre
azioni. Materia ridotta in polvere,
come del resto la nostra esistenza.
/ The garments of Elsa Lecomte are
paradoxical sculptures of rare poetry
with original forms, seeming to hail
from the world of fables. The artist
explores a curious universe made
of vacuum cleaner bags and salvaged
materials. These clothes make us think
about the theme of recycling and the
slow depletion of natural resources
caused by our actions. Matter reduced
to dust, like (after all) our
existence.

Photo: F. Kleinefenn

Bagatelle – Pólvere/Dust

I — 196. **Esercizi di Stile**/Exercises in Style

Diller + Scofidio
Bad Press

di/by **Michele Calzavara**

La strada è "la scena delle scene", secondo Diana Agrest, il luogo in cui "la moda trasforma le persone in oggetti, collegando strade e teatro attraverso un unico aspetto della loro comune natura rituale". Nel suo *Atlante delle Emozioni*[1], Giuliana Bruno cita queste parole per introdurre Diller + Scofidio e la trasversalità del loro lavoro nel ricco percorso tra città e cinema che stava tracciando.

Nella loro opera transdisciplinare, all'incrocio tra architettura, arti visive e performance, era evidenziata una dimensione "pellicolare" – video, filmica, elettronica – in cui riconoscere un'architettura che può lavorare anche sulla pelle dello spazio, come rivestimento cutaneo su cui modellare il visivo che si compie sulla scena urbana.

In quella scena, inserendosi con un occhio critico che mette in tensione le ritualità sociali e di costume con i loro annessi anche politici, Diller + Scofidio increspano le superfici dello spazio pubblico con pieghe sempre spiazzanti.

Sono pieghe elettroniche, tecnologiche, in alcuni *early projects*: da "Tourisms: suitCases Studies" (1991), che "porta la moda dei movimenti itineranti all'attenzione dell'architettura"[2], a "Soft Sell" (1993), che riveste l'ingresso dell'ex Rialto Theatre nella 42nd Street a New York con epidermiche labbra parlanti come un pungente commento vocale alla transizione di Times Square da zona a luci rosse a luogo del consumo "normalizzato".

Ma sono anche pieghe tessili, poiché la pelle nel nostro immaginario urbano è anche, soprattutto, abito. Nel 1993, in particolare, per Diller + Scofidio è una serie di camicie bianche stirate, ma in forme del tutto anomale: è "Bad Press: Dissident Ironing", presentato per la prima volta al Centre d'Art Contemporain des Castres nella sezione "Dysfunctionalisme" e poi alla Richard Anderson Gallery di New York.

→

The street is a "scene of scenes", according to Diana Agrest, the place where "fashion transforms people into objects, linking streets and theatre through one aspect of their common ritual nature". In her *Atlas of Emotion*[1] Giuliana Bruno quotes these words to introduce Diller + Scofidio and the transverse character of their work in the varied itinerary she was tracing between city and cinema.

In their transdisciplinary work, at the intersection of architecture, visual arts and performance, a "filmic" dimension has emerged – video, film, electronics – in which to recognise an architecture that can also work on the skin of space, like an epidermic covering on which to shape the visual phenomenon enacted on the urban stage.

In that scene, inserting themselves with a critical gaze that generates tension between social and lifestyle rituals with their also political corollaries, Diller + Scofidio ripple the surfaces of public space with always disorienting bends.

These are electronic, technological folds, in certain early projects: from "Tourisms: suitCases Studies" (1991), which "brings the fashion of travelling movements to the attention of architecture"[2], to "Soft Sell" (1993), which covers the entrance of the former Rialto Theatre of 42nd Street in New York with epidermic talking lips as a pungent vocal commentary on the transition of Times Square from a red light district to a place of "normalised" consumption.

But there are also textile folds, since the skin of our urban imaginary is also, above all, apparel. In 1993, in particular, for Diller + Scofidio it is a series of ironed white shirts, but with utterly anomalous forms: "Bad Press: Dissident Ironing" was presented for the first time at the Centre d'Art Contemporain des Castres in the section "Dysfunctionalisme", and then at the Richard Anderson Gallery in New York.

→

Esercizi di Stile / Exercises in Style – Diller + Scofidio, Bad Press

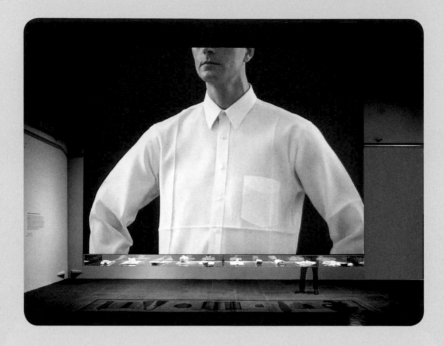

Con questo progetto affrontano un argomento, la standardizzazione (e le sue deviazioni), che li occuperà a più riprese negli anni seguenti, dall'ambivalente amorevolezza americana per il prato ("American Lawn: Surface of Everyday Life", 1998) alle investigazioni sugli aeroporti e i viaggi aerei ("Travelogues", 2001). Come i temi citati, anche la stiratura di una camicia è un fenomeno puntuale e generalizzato insieme. In esso convergono gli studi sull'organizzazione produttiva della sartoria industriale della fine del XIX secolo, il trasferimento della razionalità manifatturiera nella gestione scientifica del lavoro domestico, il ruolo sociale della donna che, grazie a quella gestione, avrebbe dovuto svincolarsi dalle mura casalinghe, il suo irretimento, invece, in rituali sempre più ossessivi della salute e dell'igiene imposti da un nuovo ordine efficientista della casa, davvero prodigo di dettagli, e che non risparmia arredi, corredi e, ovviamente, nemmeno le camicie e il loro procedimento di stiratura. Formulato secondo la massima economia di tempo, movimenti e soprattutto spazio, il fine è ottenere un modulo ottimizzato, piatto e ortogonale, che possa inserirsi in tutta una filiera logistica di stoccaggio, distribuzione, esposizione e conservazione della merce. Merce che, quando utilizzata, trasmette sul corpo di chi la indossa il residuo estetico di quell'efficienza universale. "Ma cosa succederebbe se l'attività della stiratura si liberasse di quell'estetica dell'efficienza?"

With this project they approach the issue of standardisation (and its deviations), a topic to which they returned in the years to follow, from the ambivalent American love affair with lawns ("American Lawn: Surface of Everyday Life", 1998) to investigations on airports and air travel ("Travelogues", 2001).
Like the above-mentioned themes, the ironing of a shirt is simultaneously a specific and a general phenomenon. The studies on productive efficiency in the garment industry at the end of the 19th century converge here, with the shifting of the rationality of manufacturing into the scientific management of housework and the role of the woman, who thanks to that management was supposed to be freed from the confines of the home. Instead, women have been ensnared by increasingly obsessive rituals of health and hygiene imposed by a new efficiency-minded order in the home, lavish in its attention to detail, which does not spare furnishings, inventories and – obviously – even shirts and their ironing procedure. Formulated for maximum savings of time, movements and above all space, the standard ironing procedure has the goal of making the shirt into an optimised flat, orthogonal module that can be inserted in an entire logistical chain of storage, distribution, display and conservation of merchandise. Merchandise that when utilised endows the body of the wearer with the aesthetic vestiges of that ideal of universal efficiency.

Photo: Michael Moran

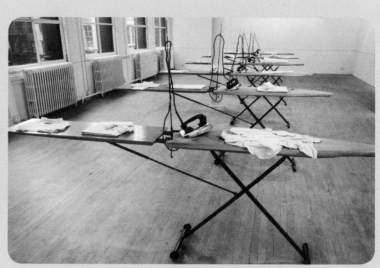

A questa domanda "Bad Press" risponde disponendo, originariamente su sei assi da stiro³, 18 camicie che sono altrettante eresie "disfunzionaliste" (saranno 25 nella versione con cui Diller + Scofidio partecipano alla Biennale veneziana di Hans Hollein nel 1996, allora inseriti tra le voci emergenti, e diverse le forme espositive nel tempo: a parete, su banchi da boutique, avvolte nel cellophan, inscatolate). Affiancate da brani di testo sulla stiratura estratti da manuali degli anni Cinquanta e dall'immagine video di un modello maschile (l'architetto Calvert Wright) vestito in modo elegantemente conforme a quei minuziosi dettami testuali – è il "canone" – le camicie dissidenti di Diller + Scofidio sono un florilegio di proposte altrettanto rigorose nelle istruzioni, ma inesorabilmente "folli" (sia detto con elogio) nei risultati: asimmetriche, avvolte nelle proprie maniche, i polsini ripiegati nel collo, le maniche nei taschini, i baveri in stropicciature efflorescenti… Ognuna di esse dà luogo a una figura irriducibile a qualsiasi uniformazione, impossibile da impacchettare.
Come nella tecnica del *fold-in* di William S. Burroughs, dove pagine di testo erano piegate e collocate su altre pagine a produrre flash-back temporali a piacimento⁴, le pieghe di "Bad Press" producono cortocircuiti spaziali e funzionali; o anche, come è stato suggerito⁵, una parodia di improbabili giunti e superfici tettoniche. È possibile, poiché le pieghe non nascono dal nulla: nel 1993 esce l'edizione inglese

"But what if the task of ironing could free itself from the aesthetics of efficiency altogether?"
"Bad Press" answers this question by placing – originally on six ironing boards³ – 18 shirts that represent 18 "dysfunctionalist" heresies (25 in the version with which Diller + Scofidio took part in the Venice Biennale of Hans Hollein in 1996, then included among the emerging artists, and with different display approaches over time: on the wall, on boutique counters, wrapped in cellophane, boxed). Flanked by excerpts of text on ironing taken from manuals from the 1950s and by the image of a male model (the architect Calvert Wright) elegantly dressed to conform to those painstaking textual dictates – the "canon" – the dissident shirts of Diller + Scofidio are an anthology of proposals with equally rigorous instructions, but inexorably "deranged" (in the loftiest sense of the term) in their results: asymmetrical, wrapped in their own sleeves, cuffs folded into collars, sleeves in pockets, crushed efflorescent collars… Each shirt gives rise to a figure that resists any uniformity, impossible to package. As in the "fold-in" technique of William S. Burroughs, where pages of text were folded and placed over other pages to produce flashbacks at will⁴, the folds of "Bad Press" produce spatial and functional short circuits; or even, as has been suggested⁵, a parody of improbable tectonic joints and surfaces. It is possible, because the folds do not come out of nowhere: the English edition of *Le Pli* by Gilles Deleuze was published

→
→

di *Le pli* di Gilles Deleuze, che ha influito non poco sulle teorie architettoniche degli anni Novanta; Greg Lynn pubblica *Folding in Architecture*[6]; Peter Eisenman insegue la piega nei progetti per il Rebstockpark a Francoforte nel 1990 e l'Alteka Office Building a Tokyo nel 1991; Daniel Libeskind progetta nello stesso anno un padiglione "origami" per l'Expo di Osaka. Diller + Scofidio, come di consueto, indagano le pieghe dai margini della disciplina, e ci fanno un gradito regalo. Dopo "Cadeau" di Man Ray (1921), anche "Bad Press" ci invita a evitare felicemente ciò che si dice *normale*: "la più bizzarra delle parole", commentava Laurie Anderson intervistandoli[7], poiché indica "il modo in cui le cose sono, ma anche il modo in cui dovrebbero essere. Molto strana". - (MC)

in 1993, and had no small influence on the architectural theories of the 1990s; Greg Lynn published *Folding in Architecture*[6]; Peter Eisenman pursued the fold in projects for the Rebstockpark in Frankfurt in 1990 and the Alteka Office Building in Tokyo in 1991; Daniel Libeskind, that same year, designed an "origami" pavilion for the Osaka Expo. Diller + Scofidio, as is their wont, investigate the folds from the outskirts of the discipline, and offer us a welcome gift. After "Cadeau" by Man Ray (1921), "Bad Press" also urges us to happily avoid what is called *normal*: "the weirdest word", Laurie Anderson commented when she interviewed them[7], because it indicates "the way things are, but also the way they should be. Very strange". - (MC)

1) Giuliana Bruno, *Atlas of Emotions. Journeys in Art, Architecture, and Film*, Verso, New York 2002, ed. it. *Atlante delle Emozioni. In viaggio tra arte, architettura e cinema*, Bruno Mondadori, Milano 2006, p. 64
2) Giuliana Bruno, cit.
3) Edward Dimendberg, *Architecture After Images*, The University of Chicago Press, Chicago 2013, p. 82
4) Estensione del *cut-up*, la tecnica del *fold-in* è impiegata in *Nova Express* e *Il biglietto che è esploso*: "Per esempio, io prendo la pagina 1 e la piego sulla pagina 100. Inserisco il testo composto risultante alla pagina 10. Quando il lettore legge la pagina 10 si proietta in avanti nel tempo fino a pagina 100 e torna indietro alla pagina 1: così il fenomeno del déjà-vu può essere prodotto a comando"/Cut-up extension, the fold-in tecnique is used in *Nova Express* and *The Ticket That Exploded*: "For example, I can take page 1 and fold it on page 100. I insert the resulting composite text on page 10. When the reader reads page 10, he skips ahead in time as far as page 100 and goes back to page 1: in this way, the déjà-vu phenomenon can be produced on command", in Gérard-George Lemaire (a cura di/ edited by), W. S. Burroughs, *Trilogie. La Machine Molle, Le ticket qui explosa, Nova Express*, Bourgois Éditeur, Parigi 1994 (ed. it., *William Burroughs: una biografia*, Sugarco, Milano 1983, p. 61).
5) Edward Dimendberg, cit.
6) Gilles Deleuze, *Le pli. Leibniz et le Baroque*, Minuit Parigi, 1988; Greg Lynn, *Folding in Architecture*, "Architectural Design", Profile 102, 63 3-4, Londra, 1993.
7) *Scanning: the Aberrant Architecture of Diller + Scofidio*, Whitney Museum of American Arts, New York 2003, p. 156

Legenda
Legend

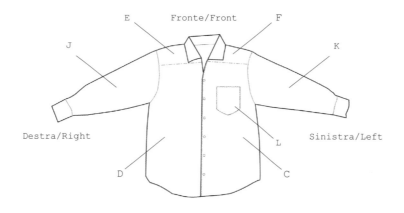

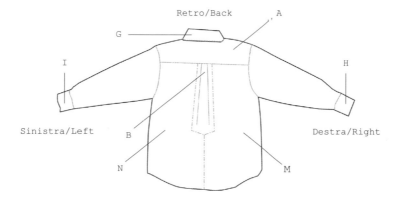

Esercizi di Stile / Exercises in Style – Ciller + Scofidio, Bad Press

A. Carré / Yoke
B. Cannone / Box pleat
C. Davanti sinistro / Left front panel
D. Davanti destro / Right front panel
E. Spalla destra / Right shoulder
F. Spalla sinistra / Left shoulder
G. Colletto / Collar
H. Polsino destro / Right cuff
I. Polsino sinistro / Left cuff
J. Manica destra / Right sleeve
K. Manica sinistra / Left sleeve
L. Taschino anteriore sinistro / Left front pocket
M. Dietro destro / Right facet
N. Dietro sinistro / Left facet

Metodo standard
Standard method

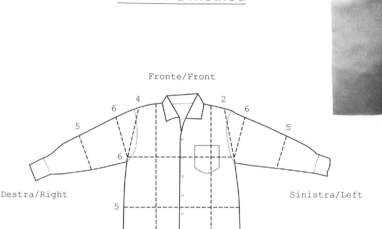

Fronte/Front

Destra/Right   Sinistra/Left

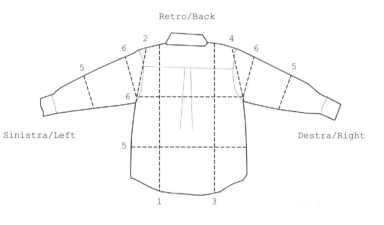

Retro/Back

Sinistra/Left   Destra/Right

[1] Distendere il dietro della camicia centralmente sull'asse e stirare il carré procedendo dal colletto verso il basso. Successivamente stirare il cannone.
[2] Ruotare la camicia in senso antiorario portando il davanti sinistro al centro dell'asse, e stirarlo. Ripetere con il davanti destro. [3] Posizionare la spalla destra sul bordo dell'asse e stirarla. Successivamente distendere sull'asse la manica destra e stirarla, dal sottomanica al polsino. Fare una piegatura lungo la parte superiore della manica. Ripetere con la manica sinistra.
[4] Tenendo la camicia aperta, distendere il carré sull'asse, e stirare l'interno del colletto. Ripiegarlo all'indietro, e stirare la piegatura. [5] Abbottonare la camicia e posizionarla a faccia in giù sull'asse.
[6] Ripiegare verso il centro una fascia del dietro della camicia di circa 6 centimetri partendo dal bordo esterno sinistro (1). Stirare la piegatura procedendo dall'orlo inferiore della camicia al carré. [7] Ripiegare la manica sinistra in modo da allinearla con la piega appena fatta e stirarla (2). Ripetete per la parte destra (3-4).
[8] Piegare la camicia a circa un terzo della distanza dal colletto (5). Ripiegarla ancora fino al carré (6).
[9] Girare la camicia e dare un ultimo colpo di ferro.

[1] Centre the back of the shirt on the ironing board and press the yoke from the collar down. Continuing to press the box pleat. [2] Rotate the shirt counter-clockwise so that the left front panel is centred on the board and press. Then repeat for right front panel. [3] Place the right shoulder over the tip of the ironing board and press. Then place the right sleeve on the board and press from the underarm to the cuff. Press a crisp crease along top edge of sleeve. Repeat for left side. [4] Place opened shirt yoke down on board and press inside of collar. Fold collar back and press crease along collar fold. [5] Button shirt and place face down on board.
[6] Fold left facet in towards centre two and a half inches from outside edge (1). Press a crease along fold from tail hem to yoke. [7] Fold left sleeve down so that it aligns with the facet crease and press at fold (2). Repeat for right side (3-4). [8] Fold shirt tail one third of the way to the collar (5). Fold over again to the yoke (6). [9] Turn shirt over and press.

Disallineamento del davanti sinistro
Skewed left panel

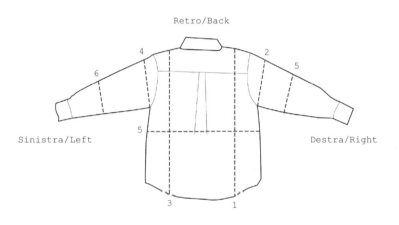

Fronte/Front

2 4

5 6

Destra/Right 5 6 Sinistra/Left

1 3

Retro/Back

4 2

6 5

Sinistra/Left 5 Destra/Right

3 1

[1] Seguire le istruzioni per la stiratura standard, fermandosi prima di abbottonare la camicia. [2] Tenendo la camicia distesa, abbottonare il secondo bottone nell'asola del colletto, e in sequenza gli altri bottoni, saltando la quarta asola. [3] Voltare la camicia e ridistenderla appoggiando il davanti sull'asse. Ripiegare verso il centro una fascia del dietro della camicia di circa 6 centimetri partendo dal bordo esterno destro (1). Stirare la piegatura procedendo dal carré all'orlo inferiore della camicia. [4] Ripiegare la manica destra in modo da allinearla con la piega appena fatta e stirarla (2). Fare una piegatura sulla spalla e stirarla. Ripetere con la parte sinistra (3-4). [5] Piegare la camicia in due, in modo da allineare l'orlo inferiore alla parte superiore del carré. La stoffa in eccesso del davanti sinistro si estenderà oltre a quella del davanti destro (5-6). Stirare leggermente.

[1] Press per standard ironing instructions. Stop before buttoning front panels. [2] With shirt facing out, fasten second button into buttonhole at collar. Continue fastening buttons in sequence, skipping the fourth buttonhole. [3] Lay shirt with the front facing down on the ironing board. Fold the right facet in towards centre two and half inches from the outside edge (1). Crease from yoke to tail hem. [4] Fold right sleeve down aligning it with the facet crease (2). Press fold at shoulder. Repeat for left side (3-4). [5] Fold tail hem to yoke and turn shirt over. Excess material of left front panel will extend beyond right front panel (5-6). Press lightly.

Manica nel taschino
Sleeve in pocket

Fronte/Front

Destra/Right

Sinistra/Left

Retro/Back

Sinistra/Left

Destra/Right

[1] Seguire le istruzioni per la stiratura standard.
[2] Allacciare due terzi dei bottoni dal basso.
[3] Distendere la camicia a faccia in giù. Piegarla in modo da sovrapporre la manica destra alla manica sinistra (1).
[4] Piegare il cannoncino fino ad allinearlo verticalmente con il lato destro del taschino (2). Stirare la piega. Piegare le maniche in modo che la loro piegatura verticale sia allineata con il lato sinistro del taschino (3). Stirare la piega. [5] Inserire le maniche tra le due parti davanti della camicia. Piegare le maniche verso l'alto in modo che arrivino all'altezza della spalla, farle passare attraverso il collo in modo da allinearle verticalmente con il resto della camicia (4). Allacciare i bottoni che erano rimasti aperti. [6] Distendere la camicia sull'asse con la tasca a faccia in giù. Piegare le maniche a metà lungo la loro lunghezza e stirarle (5). Piegare ancora le maniche a circa 13 cm dal polsino e stirare (6). [7] Girare la camicia e appoggiarla sull'asse verso l'alto. Piegare manica e collo in modo che la piegatura della manica si allinei attraverso il lato inferiore del taschino (7). Inserire la manica nel taschino. [8] Girare la camicia sull'asse con la tasca all'ingiù. Piegarla a metà in modo che il bordo inferiore sia allineato con il carré (8). Rigirare e stirare delicatamente.

[1] Press per standard ironing instructions. Stop before fastening front panel. [2] Fasten bottom two thirds of buttons. [3] Place shirt face down on ironing board. Fold right sleeve over until it aligns with the left sleeve (1). [4] Fold button edge in until vertical fold aligns with right edge of pocket (2). Crease fold. Fold sleeves across shirt until vertical fold aligns with left edge of pocket (3). Crease fold. [5] Insert sleeves between the front panels. Fold sleeves upward at shoulder, through the neck so that they align on axis with the rest of the shirt (4). Fasten remaining buttons on front panel. [6] Place shirt, pocket side down on board. Fold sleeves in half along their length and press (5). Fold sleeves inward five inches from cuff and press (6). [7] Rotate the shirt so that the pocket is facing out. Fold sleeve and collar assembly down until sleeve crease aligns with the bottom of the pocket (7). Carefully stuff sleeve into pocket. [8] Place pocket of shirt down. Fold the shirt in half so that the tail hem aligns with the yoke (8). Turn over and press gently.

Innesto colletto-manica
Collar sleeve tuck

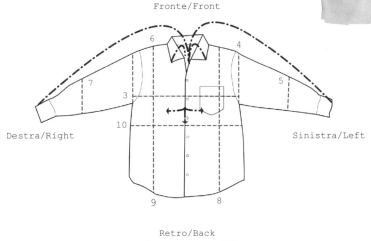

Fronte/Front

Destra/Right   Sinistra/Left

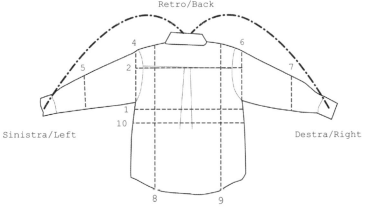

Retro/Back

Sinistra/Left   Destra/Right

Esercizi di Stile / Exercises in Style – Diller + Scofidio, Bad Press

[1] Seguire le istruzioni per la stiratura standard, fermandosi prima della piegatura verso l'interno dei lati della camicia. [2] Distendere la camicia sull'asse con il dietro verso l'alto. Sollevando la camicia per il colletto, piegarla in modo che la piegatura sia tra il quarto e il quinto bottone (1). [3] Ripiegare la camicia in modo che il centro del colletto risulti sovrapposto alla piegatura appena fatta. Si crea così un'altra piegatura l'altezza del carré (2). Questa corrisponde a una piegatura sul davanti della camicia immediatamente al di sopra del secondo bottone (3). [4] Girare la camicia a faccia in su. Infilare il colletto tra il quarto e il quinto bottone. [5] Girare nuovamente la camicia. Abbottonare il polsino e stirare. Ripiegare la manica sinistra e poi infilare il polsino nel colletto (4-5). Stirare la manica piegata. Ripetere con la manica destra (6-7). [6] Ripiegare verso il centro una fascia della camicia di circa 6 centimetri dal bordo esterno sinistro (8). Stirare la piegatura procedendo dall'orlo inferiore della camicia al carré. Ripetere con la parte destra (9). [7] Piegare la camicia a metà (10). Stirare delicatamente.

[1] Press per standard ironing instructions. Stop before folding facets. [2] Place shirt on ironing board with the back facing up. Fold collar down so that the fold is between the fourth and fifth buttons (1). [3] Move collar up so that the fold in the back of the shirt is centred in the opening of the collar. A fold is created at the edge of the yoke (2). The front of the shirt should have a fold above the second button (3). [4] Turn the shirt over so that the front faces out. Pull the collar through the opening between the fourth and fifth button. [5] Turn shirt over. Fasten cuffs and press. Fold left sleeve in and stuff cuff through collar (4-5). Press folded sleeve. Repeat for right sleeve (6-7). [6] Fold left facet in toward centre two and a half inches from outside edge (8). Press crease from tail hem to top fold. Repeat for right facet (9). [7] Fold shirt in half (10). Press lightly.

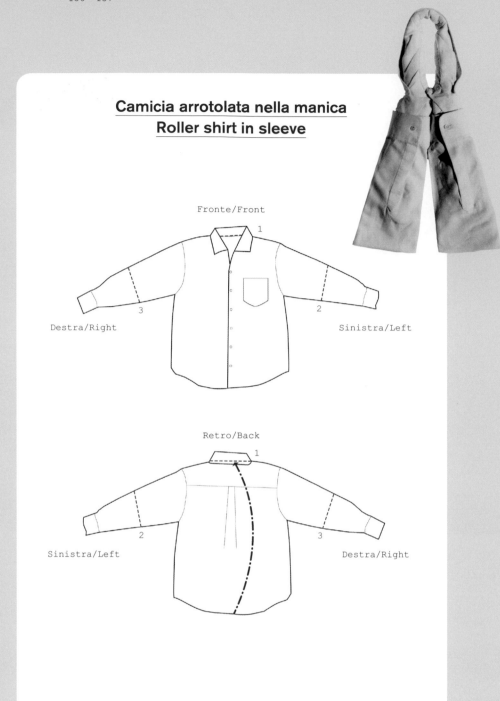

Camicia arrotolata nella manica
Roller shirt in sleeve

Fronte/Front

Destra/Right

Sinistra/Left

Retro/Back

Sinistra/Left

Destra/Right

[1] Rovesciare la manica sinistra dentro/fuori. Distendere sull'asse e stirare. Ripetere con la manica destra. [2] Distendere sull'asse la camicia con il dietro verso l'alto. Partendo dall'orlo inferiore arrotolare la camicia su se stessa fino al colletto, facendo attenzione a mantenere l'arrotolatura ben stretta. [3] Piegare il colletto sulla camicia arrotolata, e poi chiudere il bottone (1). [4] Piegare la manica sinistra a metà rovesciandola dentro/fuori fino a che il suo polsino arrivi all'altezza del colletto (2). Ripetere con la manica destra (3).

[1] Pull left sleeve inside out. Place on ironing board and press. Repeat for right sleeve. [2] Place shirt on board with the back facing out. Starting at tail hem roll the shirt to the collar being careful to keep the roll tight. [3] Fold collar over roll. Fasten button at collar (1). [4] Make fold by reversing inside out left sleeve by bringing cuff to collar (2). Repeat for right sleeve (3).

Piega reverse con camicia spiegazzata
Lapel fold with crumpled panels

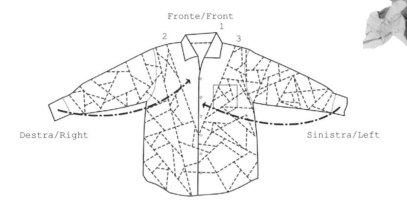

Fronte/Front

Destra/Right

Sinistra/Left

Retro/Back

Sinistra/Left

Destra/Right

Esercizi di Stile / Exercises in Style – Diller + Scofidio, Bad Press

[1] Distendere sull'asse il carré con l'interno verso l'alto, stirare il colletto. Piegare il colletto e stirare la piegatura (1). [2] Allacciare i bottoni della camicia. [3] Distendere per terra la camicia appoggiandola su un asciugamano, a faccia in su. Ripiegare il davanti destro su se stesso, lungo una diagonale che parte da circa 5 centimetri della spalla fino al sesto bottone (2). Stirare il davanti solo nell'area interna alla piega. Ripetere con la parte sinistra (3). [4] Spiegazzare la stoffa restante del davanti destro, della manica e della spalla, facendo attenzione a mantenere la piegatura appena fatta. Stirare poi la stoffa spiegazzata. [5] Appoggiare il polsino sinistro al davanti sinistro, mantenendone la spiegazzatura. Stirare il polsino. Ripetere con il polsino destro.

[1] Centre rear yoke on ironing board with the inside facing out, press the collar. Fold the collar over and press a crisp crease (1). [2] Fasten buttons on front panel. [3] Place shirt on a towel on the floor with the front facing up. Fold the right front panel under itself. The fold should form a diagonal line from two inches inside the shoulder to the sixth button (2). Press panel to the inside of the fold. Repeat for the left panel (3). [4] Crumple fabric of right panel, sleeve, and shoulder. Be careful to maintain fold. Press crumpled fabric. [5] Place left cuff over left panel while maintaining crumpled pattern. Press cuff. Repeat for right cuff.

Polsini nel colletto
Cuffs through the collar

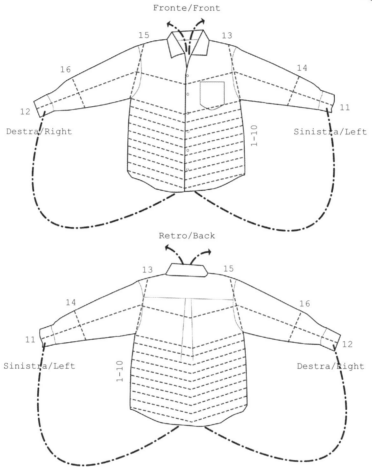

Fronte/Front

15   13

16   14

12   11

Destra/Right   Sinistra/Left

1-10

Retro/Back

13   15

14   16

11   12

Sinistra/Left   Destra/Right

1-10

[1] Seguire le istruzioni per la stiratura standard, fermandosi prima della piegatura verso l'interno dei lati della camicia. [2] Appendere la camicia a una gruccia di metallo. Sospendere la camicia con una cordicella al di sopra dell'asse da stiro, in modo che possa essere progressivamente abbassata. [3] Appoggiare il bordo della camicia sull'asse disponendolo in una forma a diamante. Partendo dal bordo inferiore della camicia, stirare una piegatura di circa 2,5 centimetri (1), e poi abbassarla progressivamente, continuando a stirare piegature a fisarmonica, fino a che sull'asse restano appoggiate solo le maniche (2-10). [4] Rimuovere la cordicella e la gruccia metallica e schiacciare il collo al centro della forma a diamante. Distendere le maniche sull'asse. Si formerà una piegatura sul davanti e sul dietro della maniche (11-12). Stirare. [5] Ripiegare la manica sinistra sotto la camicia (13). Infilare il suo polsino nel colletto e poi appoggiarlo sulla spalla sinistra. (14). Ripetere la stessa operazione con la manica destra (15-16).

[1] Press per standard ironing instructions. Stop before folding the facet. [2] Place shirt on a wire hanger. Using twine, suspend shirt above ironing board in such a way so that it may be lowered incrementally. [3] Place bottom hem of shirt on board in a diamond pattern. Press a one inch fold in bottom of shirt (1). Lower shirt and continue pressing accordion folds until armpit of the shirt rests on the board (2-10). [4] Remove twine and wire hanger from shirt. Collapse collar into centre of diamond. Extend sleeves straight out. A fold will form on the back and front of the sleeves (11-12). Press sleeves. [5] Fold left sleeve under shirt (13). Pull cuff through collar and lay over left shoulder (14). Repeat for right sleeve (15-16).

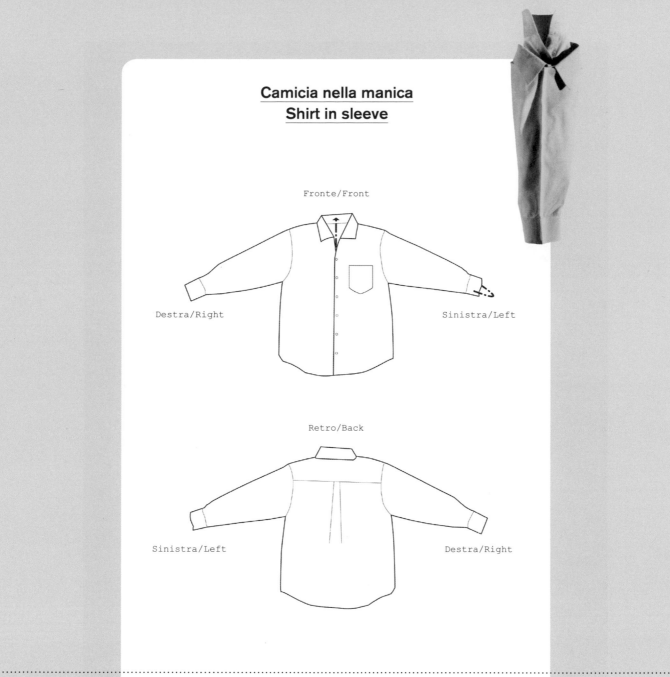

Camicia nella manica
Shirt in sleeve

Fronte/Front

Destra/Right

Sinistra/Left

Retro/Back

Sinistra/Left

Destra/Right

Esercizi di Stile / Exercises in Style – Diller + Scofidio, Bad Press

[1] Distendere sull'asse la manica destra con la parte anteriore verso l'alto. Stirare una piega lungo il suo bordo superiore. [2] Rovesciare la manica sinistra dentro/fuori. Abbottonare la camicia. Infilare il polsino della manica sinistra nel colletto. [3] Inserire la mano destra nella manica destra attraverso il polsino. Trattenendo con la mano sinistra il polsino sinistro e il colletto, inserire la stoffa della camicia all'interno della manica destra fino a far coincidere il colletto con la cucitura della spalla. [4] Allineare la piegatura della manica destra con il bottone del colletto.

[1] Place right sleeve on board with the front facing out. Press a crisp crease along the top edge of the sleeve. [2] Turn left sleeve inside-out. Button front panel. Pull cuff of left sleeve through collar. [3] Insert right hand into right sleeve through cuff. While holding the left cuff and collar with the left hand, pull shirt material into right sleeve until collar meets shoulder seam. [4] Adjust crease in right sleeve so that it aligns with the collar button.

I — Foscarini per / for Inventario
Allegro suspension / design **Atelier Oï**

Interpretata da / Interpreted by
Marina Rosso

FOSCARINI